찬양하라

Cell Worship

내 영혼아

Cell Worship 찬양하라 내 영혼아

찬양은 곡조있는 기도입니다.
인간 내면의 모든 정서를 하나님께 드러내고
치유받으며 거룩한 향기로 다시 드리는 영혼의 노래입니다.

말의 기도가 좌뇌적 작용이 섞인 논리적이고도
서술적인 기도라면,
찬양의 기도는 우뇌적 작용이 큰 정서적이고도
직관적인 기도로써
우리 영혼의 균형을 잡아줍니다.

Cell Worship(코드순 편집) "찬양하라 내 영혼아"를 통해서
많은 성도들의찬양, 신앙, 기도의 회복이 일어나
영혼들이 살아나고 교회가 부흥하며 능력을 경험하는
놀라운 역사가 나타나길 소망하며
모든 모임마다 주님의 임재를 풍성히 누리는
영성 공동체가 되기를 소망합니다.

2005. 오월

목 차
(가사첫줄 / 원제 가나다순)

주제별 색인
(코드 포함)

신뢰와 확신

예배의 삶

인도와 보호

전도와 선교

주님과 동행

찬양과 경배

천국과 소망

거룩하신 성령이여

(Holy Spirit, we welcome You)

Chris A. Bowater

1. 거 룩 하 신 - 성 령 이 여 - -
2. 우 리 에 게 - 임 하 소 서 - -
- 성 령 의 - 불 - 로 오 셔서
- 세 상 헛 된 마 - 음 태 우 소 서
- 손 들 고 - 주 를
바 랄 때 - 성 령 이 여 -
- 성 령 이 여 - - 성 령 이 여 -
- 임 하 소 서 - -

2. 괴로울때 주님의 얼굴 보라
(IN THESE DARK DAYS LIFT UP YOUR EYES)

Harry Ballback

1.괴로울 때 주님의얼굴보 라 평화의
2.힘이없 고 네마음연약할 때 능력의

주 님바라보아 라 -세상에 서 시달린친구
주 님바라보아 라 -주의이 름 부르는모든

들 아 위로의 주 님 바 라 보 아 라 -
자 는 힘주시 고 늘 지 켜 주 시 리 -

눈 을 들 어 -주 를 보 라 -네 모든

염 려주께맡겨 라 -슬플때 에 주님의얼굴

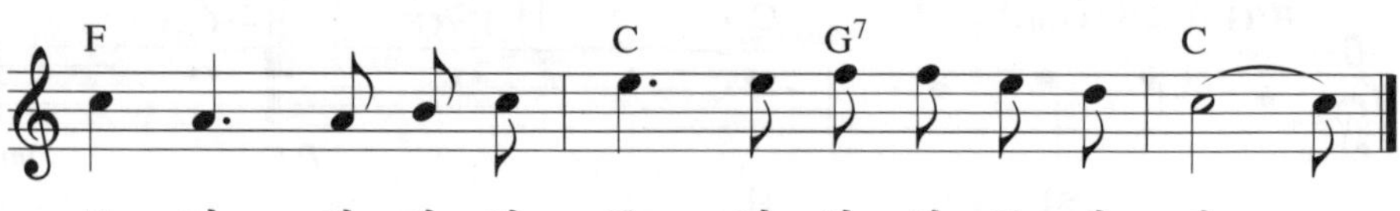

보 라 사랑의 주 님안식주리 라 -

하나님이시여

(주는 나의)

유상렬

3

C² Cmaj⁷ Em F Dm G G⁷
하나님 이시-여 하나님이시-여 주는 나의 하나님이 시 로다

C² Cmaj⁷ Em F Dm Gsus⁴ G⁷
나의 몸과마-음 주를갈망하-며 이제내가 주께고백 하 는말

C A⁷ Dm Gsus⁴ G⁷
여호와는- 나의 빛 이요- 여호 와는- 나 의구원이시니-

C E⁷/B Am C⁷ Dm D⁷ G⁷sus G⁷
내가 누구를- 두려워 하리요- 여호와는 생명의 피난처시니-

C E⁷/B Am Am⁷ Dm G⁷sus G⁷
주의 인자가- 생명보다나으므로 내 입술이-여호와를 찬양하리-

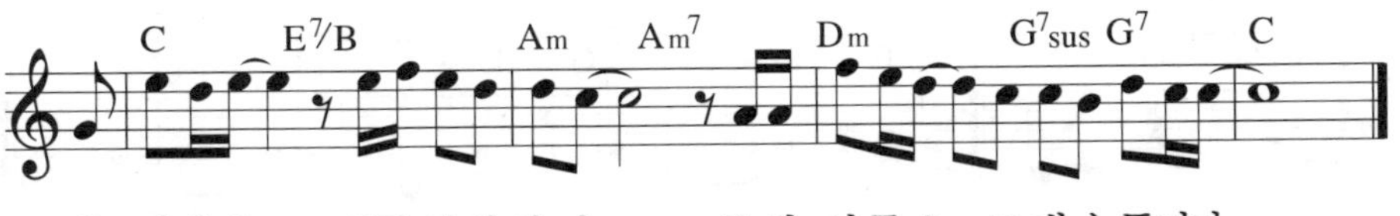
C E⁷/B Am Am⁷ Dm G⁷sus G⁷ C
내 평생에- 주를찬양하며- 주의 이름으-로내손들리라 -

나의 만족과 유익을 위해
(Knowing You)

Graham Kendrick

나의 만족과유익을위-해가지려했던세
의능력체험하면-서주의고난에동
상 일들 이젠 모두다 해로여기-고 주님
참 하고주의죽으심본을받아-서 그의
을위해다 버리네 내안에 가장
생명에참 예하네
귀한것주님을앎이라 모든
것 되시며- 의와기쁨되신주 사랑합니다
- 2.부활합니다 - 나의주 -

나의 입술의 모든 말과
(Let the words of my mouth)

Joe Mackey

C   C⁷ F C   G   G⁷   C
나 의 입 술 의 모든말 과 나 의 마음의묵 상 이
C⁷ F C   G   C F   C
주 께 열 납 되 기 를 원 하 네 — — Fine
F   C F   C F   C G   C
생 명 이 — — 되 신 주 — —
소 망 이 — — 되 신 주 — —
F   C F   C F   C G   C
반 석 이 — — 되 신 주 — —
능 력 이 — — 되 신 주 — —
D.C.

6 거룩하신 하나님
(ALL THE HEAVENS)

Reuben Morgan

거룩 하-신 하나-님- -온 세상-주의-영- - 광 가 득- 해
열 방 들-아 일 어-나- 경 배-와찬-양- -드-려-
주 얼-굴 비 출-때-주사심- 모두- 알 리- - 온하늘
- -찬 양 하 네 아 름다-우신-주- 온
우주찬 -양해 - 할렐-루-야-우 리왕- -께 -

내 구주 예수님
(Shout to the Lord)
Darlene Zschech

1. 내 구주 예 수 님 주같은분- 없- 네 - 내평생에
2. 위 로 자 되 시 며 피난처되- 신주님 - 나의영혼

- 찬 양 하 리 - 놀 라 - 운주의 사 랑 을
- 온 맘 다 해

- 주 를 경 배 합 니 다

온땅 이여- 주님 께 -외쳐라 - - 능력과위- 엄의왕 -되신주-

산과 바다 -소리쳐 - 주의- 이름 을--- 높 이 리 -

주행 한일- 기뻐노 -래하며- 영 원히주님- 을사랑 -하리라-

신실하신- 주의약 -속 나받- 았 네 - -

내 안에 사는 이

(내 안에 살아계신 그리스도 / Christ in me)

Garry Garcia

내안에 사는 이 예수 - 그리스 도-니
2nd time to Coda
나의죽 음- 도 유 익 - 함이 라 나의
왕 내노 래 내생 명 -또 내기 쁨 나의
힘 나의 검 내평 화 - 나의 주 -
D.C
Coda
익 - 함이 라

내 이름으로 일컫는

(Second Chrontcles 7:14)

Darlene J. Swanson

C
Em
F
F/G
C
내 이름 으 로 일컫 는 내 백 성 이 겸
F
C
Am
Dm7
G
비 하 여 기 도 하 면 내
Am
Em
Dm
G7
C
얼 굴 구 하 며 그 악 한 길 떠 나 면
C
Em
Am
F
D2
하 늘 에 서 내 가 듣 고 용 서 하 며 땅 을 고 칠 지 라
Fm/Ab
C/G
Dm
G
C
내 백 성 이 겸 비 해 기 도 하 면

10 내 입술로 하나님의 이름을

정종원

내입술로- 하 나님의- 이 름을 -찬송하며 -
황 소를드림보-다 진정한노래를 기 쁘게받- 아주시는 -주님-
내 맘으로- 하나님을- 즐 겁게 -찬양하네 -
찬 송을부르며- 영원히섬기리 주 님 께 영-광돌리 -리-
할 렐루-야- 할 렐루-야-할 렐루 -할렐루야 -
할 렐루-야- 할 렐루-야-할 렐루 -할렐루야 -

내가 산을 향하여

11

김 영 기 사·곡
이 윤 형 역음
1.내 가 산 을 향 하 여 - 눈 을 들 리 라
2.내 가 손 을 들 고 서 - 기 도 하 리 라
나 의 도 움 이 어 디 서 올 - 꼬
나 의 응 답 이 어 디 서 올 - 꼬
천 지 지 으 신 여 호 와 - 나 의 왕 이 여
전 지 전 능 한 하 나 님 - 나 의 주 시 여
영 원 무 궁 히 지 키 시 리 로 다
나 의 출 입 을 지 키 시 리 로 다

12. 내가 처음 주를 만났을 때

(주를 처음 만난 날)

김석균

C G7 C C7 F C G7
1. 내가 처 음 주 를 만났 을 때 외롭 고 도 쓸 쓸 한 모 습 -
2. 내가 다 시 주 를 만났 을 때 죄악 으 로 몹 쓸 병든 몸 -
3. 내가 이 제 주 를 만남 으 로 죽음 의 길 벗 어 나려 네 -

C C7 F 3 G7 C
말없 이 홀로 걸 어가신 길 은 영-광 을 다- 버 린나그 네 -
조용 히 내손 잡 아이끄 시 며 병-든 자 여- 일 어나거 라 -
변찮 는 은혜 와 사랑베 푸 신 그-분 만 이- 나 의구세 주 -

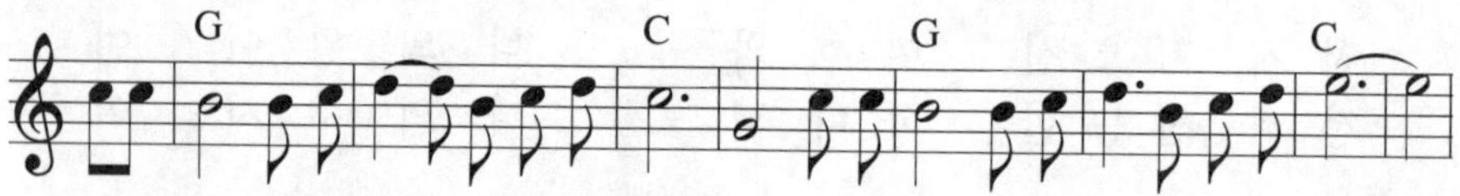

G C G C
정녕 그 분이 내형제구 원 했 나 나의영 혼도구원하 려나 -
눈물 흘 리며 참- 회하였 었 네 나의민 음이뜨거웠 었네 -
주예 수 따라 항- 상살리 로 다 십자가 지고따라가 리라 -

C7 F C Em Dm G7 C
의심 많 은 도 마처럼 울 었 네 내가 주 를 처 음만난 날 -
그러 나 죄 악 이나를 삼 키 고 내영 혼 갈 길 을잃었 네 -
할렐 루 야 주 를만난 이 기 쁨 영광 의 찬 송 을돌리 리 -

주 품에

(Still)

Reuben Morgan

1. 주 품 에 품 으 소 서
2. 님 안 에 나 거 하 리
능 력 의 팔 로 덮으 - 소서 - 거친 파도
주 능 력 나 잠 잠히 - 믿네 -
날 향해 - 와도 - 주와 함께 날 아오 - 르리 - 폭풍 가운
데 나의 - 영혼 - 잠잠하게 - 주를보 - 리라 - (주)

14 너는 담장 너머로 뻗은 나무

(야곱의 축복)

김 인 식

너 는 담장넘어로뻗 은 나무 가 지 에 푸른 - 열매처럼 -
하나님의 - 귀한축 - 복 이 삶에 - 가득히 - 넘쳐날 - 거 야 너
는 어떤시련이와도능히 이겨 낼 강한 - 팔이있어 - 전능하신
- 하나님 - 께 서 너와 - 언제나 - 함께하 - 시 니
너는하나님의 - 사람 - 아름 다운하나 - 님의 - 사람 - 나는널위 - 해
기도하며 - 네 길을 축복할 - 거 야 너 는 하나님의 - 선물 -
사랑 스런하나 - 님의 - 열매 - 주의품에꽃피운 - 나무가되어줘 -

먼저 그 나라와 의를

(Seek ye first the Kingdom of God)

Karen Lafferty

1. 먼 저그나 라와 의를구하라   그 나라와 그의 를
2. 사 람이떡으로만 살것아니요   하 나님말씀으 로
3. 구 하라그리하면 주실것이요   찾 으면찾 으리 라
4. 둘 이냐셋이나 내이름으로   모 여있는곳에 는

그 리하 면이— 모—든것을   너희에게더 하시 리 라
그 리하 면이— 모—든것을   너희에게더 하시 리 라
문 두드 리면— 열릴것이라   할—렐—루 할렐루 야
나 도그 들과— 함께하 리니   무—엇이든 지구 하 라

할 렐 루 야 할 렐 루— 야
할 렐 루 야 할 렐—루 할렐 루 야

항상 진실케
(Change my heart, oh God)

Eddi Espinosa

Cmaj7 Dm7 G C
항상진실케 - 내맘바꾸사 -
Cmaj7 Em7 Dm7 G C
Fine
하나님닮게 - 하여주소 서
E7 3 Am Dm7 G7 C
주는토 기 장이 나 는 진 흙
E 3 Am Am/G D G
D.C.
날빛으 소 - 서 기도 하오 니

사랑하는 나의 아버지

(Blessed be the Lord, God Almighty)

17

Bob Fitts

사 랑 하 는 나 의 아 버 지 - 이 름 높 여 드 립 니 다
주 의 나 라 찬 양 속 에 - 임 하 시 니 - 능 력 의 주 께 찬 송 하 네
전 능 하 - 신 하 나 님 찬 - 양 언 제 나 동 일 하 신 주 - - -
전 능 하 - 신 하 나 님 찬 - 양 영 원 히 다 스 리 네
나 주 의 이 름 높 이 리 나 주 의 이 름 높 - 이 리 - -
하 늘 높 이 올 린 깃 - 발 - 처 럼 - - - -
주 의 이 름 높 - 이 리 전 능 하 - 신

아주 먼 옛날
(당신을 향한 노래)

천태혁 · 진 경

아주먼옛날 - 하늘에서 는- 당신을향한 - 계획있었죠 -
하나님께서 - 바라보시 며- 좋았더라고 - 말씀하셨네 -

이세상 그무엇-보 다 귀하게 - 나의 손으로 - 창 조하였 - 노 라

내가너로 인하여 - 기 뻐 하노라 - 내가 너를사 랑 하 노 라

사 랑 해 요 축 복 해 요

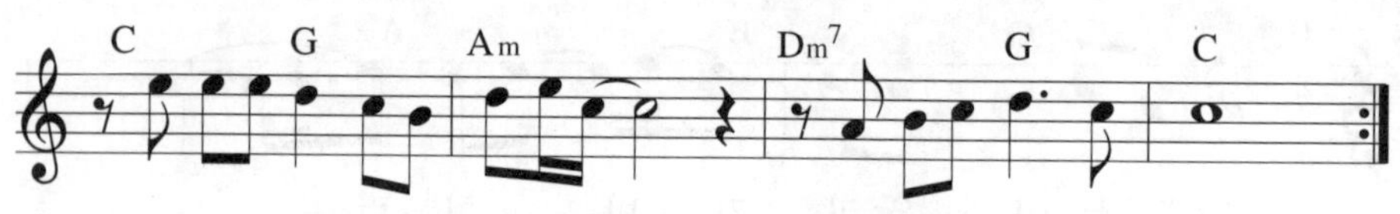
당신의마 음에 우리의 - 사 랑을드 려 요

약한 나로 강하게

(What the Lord has done in me)

Reuben Morgan

약한 - 나 로 강 하 게 가 난 한 날 부 하 게 눈 먼 -
날 볼 수 있 게 주 내 게 행 하 셨 네 - 호 -
산 나 호 - - 산 - 나 죽 임 당 한 어 린 양 호 - 산 나 호 - -
산 - 나 예 수 - 다 시 사 셨 네 호 - 네 - 내 가 - 건 너 야 할
강 거 기 서 내 죄 씻 겼 네 이 제 - 주 의 사 랑 이 나 를
향 해 흐 르 네 - 깊 은 - 강 에 서 주 가 나 를 일 으 키 셨 도
다 구 원 의 노 래 부 르 리 예 수 자 유 주 셨 네 -

20 언제나 내 모습

(주님 내 안에)

임미정사, 이정림곡

언제나- 내모습 - 너무나- 부끄러워 -
무릎으- 로 주님께 - 기도로- 가오니 -
나홀로- 서있는 - 죽은 내영깨우 사
주님만 나를 깨워 내영 살게 하소서 -
주님 내안에- 주님 내안에- 내 안에 계 시고 -
주님 내안에- 주님 내안에- 나를 세워주소서 -

얼마나 아프실까
송명희 사 · 김영석 곡
얼마나 아프실 까 - 하나님 의마음은 -
인간 들 을 위 하 여 아들을 제물 로삼으실 때 -
얼마나 아프실 까 - 주님의 몸과 마 음
사람 들 을 위 하 여 십자가에 달려 제물되 실 때 - 얼마
나 아프실 까 - 하나 님 - 가슴은 - 독생
자 주셨건 만 - 인간 들 부족하 다 원망할 때 - 얼마
나 아프실 까 - 주님의 심 령은 -
자신을 주셨건 만 - 사람들 부인하 며욕할 때 -

22 여호와 우리 주여
(시편 8편)

최 덕 신
여호와 우리 주-여- 주의 이름이- 온 땅-에- 어
찌 그리아름다 운지요- 어 찌 그리아름다 운지요-
여 호와 우리 주-여- 주의 이름이 - 온 땅-에- 어
찌 그리아름다 운지요- 어 찌 그리아름다 운지요-
주의손 가락 으로 지으 신- 주 의하늘 과 -
주가베 풀어 두신 달과 별- 내 가 보오 니 -
사 람이 무엇 이관대- 주께 서저를- 생각 하시며 -
인 자가 무엇 이관대- 저 를 권고 하시 나이까 -

우리의 만남은
(왕국과 소명)
윤건선

우 리 의 만 남 은   주 님 의 은혜라 오
우 리 의 모 든 것   주 여 인 도 하소서

우 리 의 모 임 은   주 님 의 축복 이라 오   우 리는
우 리 의 모 든 것   주 님께 바치 옵니 다.   오 나의

하 나 님 영광 위 해   지 음받 았으 니   우 리를
하 나 님 아버 지 여   당 신 의 뜻대 로   오 나의

하 나 님 나라 위 해   충 성 되게 하소 서   오
하 나 님 아버 지 여   따 라 살게 하소 서

주 여 나의 소 명   항 상 인도하 소 서   오

주 여 나의 소 명   항 상 인도 하 소 서

24 예수님 날위해 죽으셨네

1. 예수님 날위해 죽으셨네   왜 날사랑 하 나 -
2. 손과발 날위해 찢기셨네   왜 날사랑 하 나 -
3. 내대신 고통을 당하셨네   왜 날사랑 하 나 -

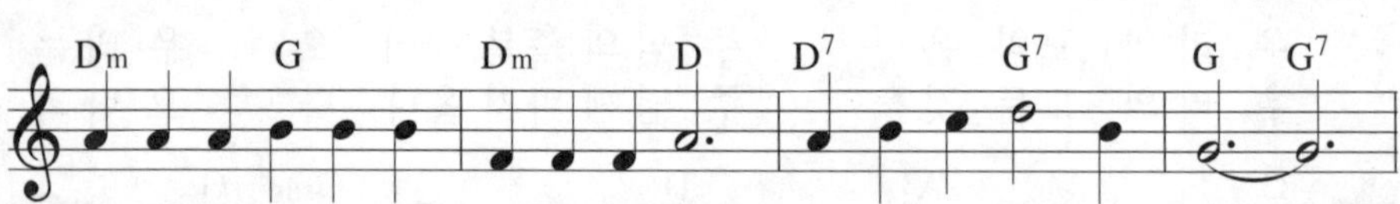

겸손히 십자가 지시었네   왜 날사랑 하 나 -
고난을 당하여 구원했네   왜 날사랑 하 나 -
죄용서 받을수 없었는데   왜 날사랑 하 나 -

왜 날사랑 하 나 -   왜 날사랑 하 나 -

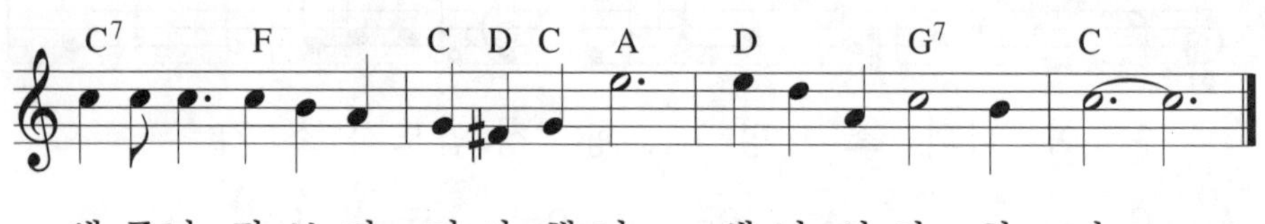

왜 주님 갈보리 가야했나   왜 날 사랑 하 나 -

온 땅과 민민들아

(Let all the earth hear his voice)

Graham Kendrick

C   G/B   Am   Am/G   D/F♯   Gsus4 G7
1. 온 땅과 만민들 아 - 주의 음성 듣 고 - 모두 기뻐하 라
2. 땅들아 기뻐하 라 - 죄인 구하시 러 - 주님 오신다 네
3. 모두다 소리높 여 - 주님 찬 - 양 해 - 힘있게 찬양 해

C   G/B   Am   Am/G   D/F♯   Gsus4 G7
산들과 나무들 도 - 즐겁 게 춤추 며 - 함께 손뼉쳐 라
십자가 구원으 로 - 우린 물리쳤 네 - 어둠 의세력 을
외치세 온세상 에 - 열방 과만민 을 - 주가 통치하 네

F   G   E7   Am   F   G   C   E7
사랑과 정의를 주시는 주 - 영 원한그의 - 나 라

F   G   E7   Am Fmaj7   Gsus4
좌우 에 날이선 검과같 은 진 리의 그분말 씀

G7   C F   C
－ 승 리 해 －

26 은혜로만 들어가네

(Only By Grace)

Gerrit Gustafson

은혜로만 - 들 어 가 - 네 -   은혜로만 - 선 다네 -
우리의노 - 력이아 - 닌 -   어린양의 - 보혈로 -
그분의임 - 재가운 - 데 - 오 라 - 하 시네 -
우리를부 - 르신그 - 곳 - 은 혜로들어 - 가 네 -
주님의그 - 은 혜 -   범죄 한우 - 리가어
- 찌 서 리 요   어린 양 의 - 보혈이
- 깨 끗 케 - 하 시네 -

Coda
Dm7   F/G   C   Am7   Dm7   F/G
주 님 의 그 - 은 혜 -   주 님 의 그 - 은 혜
C   Am7   Dm7   F/G   C
- 주 님 의 그 - 은 혜 -

예수 사랑해요

(Jesus, I love You)

Jude Del Hierro

27

C   F   F/E   Dm7   G   F/C   C
예 - 수 사 랑 해 요 나 주 앞 에 엎 드 려
C   F   F/E   Dm7   G   C   G/B
경 - 배 와 찬 - 양 왕 께 드 리 네
Am   Dm7   F   G   C   G/B
알 - 렐 루 - 야 알 렐 루 - 야
Am   Dm7   F   G   1. C   2. C
알 - 렐 루 - 야 알 렐 - 루 루

임마누엘
(Emmanuel)

Bob McGee

임 마 누 엘 임 마 누 엘
그 리 스 도 그 리 스 도
할 렐 루 야 할 렐 루 야
그 이 름 은 임 마 누 엘
그 이 름 은 그 리 스 도
찬 양 하 라 할 렐 루 야
— 우 리 와 함 께 하 네
— 우 리 를 구 원 하 신
— 하 나 님 찬 양 하 라
그 이 름 은 임 마 누 엘
그 이 름 은 그 리 스 도
찬 양 하 라 할 렐 루 야

있는 모습 그대로

오정훈

Cmaj7 Dm Dmmaj7 Dm7 G7 Em
있는 모습 그 대로 -   있 는 모습 그 대로 -
A7 A/C# Dm7 G7sus G7 Cmaj7
있는 모 습 그 대로 -   오 시 오
A7 A/C# Dm Dmmaj7 Dm7 G7 Em
하나 님 은 당 신 이 -   있는 모 습 그 대로 -
A7 A/C# Dm7 F/G G7 C
있는 모 습 그 대로 오시길 원 하십 니 다

30 할 수 있다 하신 이는

이영훈 사 · 장욱조 곡

할수 있다 하신 이는 나의 능력 주하나 님
의심 말 라 하-시 고 물결 위 로오라하시 네
나를 바 라 보-시 고 능력 준 다하-시- 네
주저 말 라 하-시 고 십자 가 를지라하시 네
변치 말 라 하-시 고 성령 충 만하게하시 네
할수 있 -다하신 주 할수 있 다하신 주
믿음 만이 믿음 만이 능 력이라 하 시 네
사 랑 만이 사 랑 만이 능 력이라 하 시 네
희 생 만이 희 생 만이 능 력이라 하 시 네
성 령 만이 성 령 만이 능 력이라 하 시 네
믿음 만이 믿음 만이 능 력이라하 시 네
사 랑 만이 사 랑 만이 능 력이라하 시 네
희 생 만이 희 생 만이 능 력이라하 시 네
성 령 만이 성 령 만이 능 력이라하 시 네

주 안에 우린 하나
(기 대)
천 강 수
주안에우린하 나 모습은달라 도 예수님한 분만바라네
사랑과선행으 로 서로 격려 해 따스함으로 보듬어-가리-
주님 우리안 에 함 께하시니- 형제자-매의- 기
뼘과슬-픔느-끼네- 네안 에있는 주님 모 습보네
그 분 기 뻐 하 시 네
주 님우릴통-해 계획하-신일- 부족한-입술로-찬양
하게하-신일- 주 님 우릴통-해 계획하-신일-너
를통 해하실일기대 -해 - -
Copyright © 1998 천강수 By KCMCA. All right reserved. Used by permission.

32 주 예수 사랑 기쁨

(I have the joy)

John W. Peterson

1. 주 예 수 사 랑 기 쁨 내 마 음 속 에 내 마 음 속 에 내 마 음 속 에
2. 이 제 는 정 죄 없 네 예 수 안 에 서 예 수 안 에 서 예 수 안 에 서
3. 이 제 는 해 방 됐 네 예 수 안 에 서 예 수 안 에 서 예 수 안 에 서

주 예 수 사 랑 기 쁨 내 마 음 속 에 내 마 음 속 에 있 네 –
이 제 는 정 죄 없 네 예 수 안 에 서 예 수 안 에 서 없 네 –
이 제 는 해 방 됐 네 예 수 안 에 서 예 수 안 에 서 해 방 –

나 는 기 뻐 요 정 말 기 뻐 요 주 예 수 사 랑 기 쁨 내 맘 에 –

나 는 기 뻐 요 정 말 기 뻐 요 주 예 수 사 랑 기 쁨 내 맘 에 –

주께와 엎드려

(I will come and bow down)

Martin J. Nystrom

F/G   C   Am⁷sus Am   Dm⁷   Am/G G G/F 3
주께 와 엎드려 경배드 립니다 주계
Em⁷   A⁷   A/C#   Dm   Gsus⁴ G⁷
신 곳 엔 기 쁨 가 득 - 무엇
Am   Bsus⁴   B⁷   Em   Asus⁴ A⁷
과도 - 누구 와도 - 바꿀 수 없 네 예배
Dm⁷   Gsus⁴ G⁷   F/C   C
드 림 이 기쁨됩니다 -

34

주님의 시간에
(In His time)

Diane Bell

주 님 의 – 시 간 에 – 그 의 뜻 이 뤄 지
기 다 려 – 그 때 를 – 그 의 뜻 이 뤄 지
리 기 다 려 – 하 루 하 루 살 동 안 주 님
리 기 다 려 – 주 의 뜻 이 뤄 질 때 우 리
인 도 하 시 니 주 뜻 이 룰 때 까 지 기 다 려 –
들 의 모 든 것 아 름 답 게 변 하 리 기 다 려 –

주님이 주시는 파도같은 사랑

주님이 주시는 파도같은 사랑
(파도같은 사랑)
1. 주님이 주시 는   파도 같은 사랑   은
2. 주님이 주시 는   솟아 나는 기쁨   은
3. 주님이 주시 는   하늘 나라 평화   는
내작은 가슴 에   흘러흘러 넘쳐 요
내작은 가슴 에   샘물처럼 솟아 요
내작은 가슴 에   깊이깊이 흘러 요
생각하면 할수 록   기도하면 할수 록
두눈가에 눈물 이   터 질것만 같아 요
주님의 사랑 은   한없이 크셔 라
주님의 기쁨 은   끝없이 새로 와
주님의 평화 는   놀랍고 놀라 와
우리의 영혼 에   한줄기 빛이어 라
우리의 삶속 에   영원한 향기어 라
우리의 마음 에   빛나는 보석이 라

36 주의 거룩하심 생각할 때

(When I look into Your holiness)

Wayne & Cathy Perrin

주의 거룩 하심 생 각 할때   주의 크신사랑 느낄 때
주의 영광 의빛 나의 생활 비춰주 실 때 -
주가 주신 기쁨 맛볼 때 에- 주의 사랑 속에나잠 길 때
주의 영광 의빛 나의 생활 비춰주 실 때 - - -
경 배하 리 - 경 배하 리 -
나 사 는 동안 - 주께경 배 해 - -
경 배하 리 - 경 배하 리 -
나 사 는 동안 - 주께경 배 해 -

주의 신을 내가 떠나

(Psalm 139:7-14)

Kelly Willard

주 의 신을 내가 떠 나   어디로피 - 하 리 까
주는모든 - 것아 시 오 - 니   어디로다 - 니 리 까   내가
새 벽날 개 치며 -   저 바다끝에 - 거해 도
어둠도숨 - 기 지 못하 리라 -   주님의손 - 이날 인 도 해
주님은내 - 모 든것 - 을 -   지 으신분 - 이 시 니
주님의위 - 대 하심 - 을 -   내가 고백 - 하 리 다

38 찬양을 드리며

(주앞에 옵니다 / Into Your Presence, Lord)

Richard Oddie

찬 양 을 드 리 며 주 앞 에 옵 니 다
내 삶 을 드 리 네 두 손 들 어
주 경 배 드 릴 때 주 님 을 느 끼 네
내 눈 보 게 하 소 서 주 님 얼 굴

무엇이 변치않아 내 소망이
(십 자 가)
조 은 아
무엇 이변 - 치않 아 내 소 망 이 - 되며 -
무엇 이한 - 결 같 아 내 삶 을품 으 리 그누가날 - 만
족 케 해 - 내 영 이 - 쉬며 - - 그 누굴기 - - 다려 - 내
영 이 기 쁘 리 - 십 자가 - 십 자가 - 그 그늘아래 - 내
소망이있 - 네 십 자가 - 십 자가 - 그 그늘아 - 래 내
생 명 이 있네 - - 주여 내 영을고 요케하사
- - 십 자 - 가를 - 품 게하시며 - 주여 내 영을잠 잠 케하사
- 십 자가로 - 만 족 케하 소 서

40 완전한 사랑 보여주신

Joel Houston & Marty Sampson

완전한사랑보여주신- 구세주그분아 나 요 그아들우리에게주신-
구원하신주나는믿네- 부활하신주나 믿 네 다시오실왕나는믿네-
하나님그분아나 요 그사랑알-기에- 그아들나-는믿-네
그분과영원히살 리
날 이 끄 소-서 예 수 좋은내-친구- 내곁에 계시네
- 영원히변-치않-네- 예 수 좋은내-친구
- 내곁에계시네- 영원히변-치않-네--
영원히변-치않-네 영원히변-치않-네-
- 영원히변-치않-네 영원히변-치않-네--

하나님 한번도 나를

(오 신실하신 주)

하나님한 번도 나를 -   실 망시 킨적없으 시고 -
지 나온모 든세 월들 -   돌 -아 보-아- 도- -
언제나공 평과   은혜- 로   나를-- 지키 셨 네
그 어느것 하나   주의손 길   안 미친것 전혀없 네
오신실   하 신 주   오 신실   하 신 주
내너를떠나지도   않으리 라   내너를버리지도   않으리 라
약 속하셨 던주님 -   그 약속을 지키 사   이
후 로도 영원 토록 -   나를 지키 시리라 확 신하 네

42 너의 가는 길에
(파송의 노래)

고 형 원

Bm Gmaj7 D A/E F#sus4 F#7
너의 가는길-에주의평-강 있으리- 평강 의왕 함께하-시 니 너의
Gmaj7 D/F# A/E Bm/F# G A Bm
걸음 걸음 주 인도하-시리 주의 강한-손널이끄-시 리 너의
Bm Gmaj7 D A/E F#sus4 F#7
가는길-에주의축-복 있으리- 영광 의 주 함께가-시 니 네가
Gmaj7 D/F# A/E Bm/F# G A
밟는모든땅- 주 님다스-리리 - 너는 주의-길예비케-되
Bm G/A A D A G D A
리 - 주 님나라위-하 여 길떠나 는 나의형-제 여
D A G Gmaj7 F#sus4 F#7
주 께서가라-시 니 너는 가 라 주의이름으로 - 거칠

은광야위에 꽃은 피어나고- 세상 은네안에서- 주님의
영광 보리라- 강하 고 -담대하 라 세상 이기 신주 늘함
-께- 너와 동행- 하시 며 네게 새힘 늘- 주시 리 -

43 하나님의 음성을

하나님의 음성을
(시편 40편)
김지면
1. 하 나 님의 음성 을 들고 자 -기도하- 면 귀-
2. 주 를 의지 하- 고 교만 하 지않 -으 - 며 거짓
를 기울이고나 의 기도를 들 어주신다- 네
에 치우치지아 니 하-면 복 이있으리- 라
깊 은웅덩이- 와 수렁 에 서끌어주시 고 나의
여 호와나의주 는 크신 권 능의-주- 라 그의
발 을 반석위에 세 우시사 나 를 튼튼히하셨네 -새
크 신 권능으로우 리들을 사 랑 하여-주시네 -
노 래로-부르 자 라라라 하나 님 께올릴찬송 을 -새
노 래로--부르- 자 하나 -님- 사 랑 을

오늘 집을 나서기전

44

W.O.Perkin& s M. A. Kidder

1. 오 늘 집을나서 기 전 기 도했나 요
2. 맘 에분이가득 찰 때 기 도했나 요
3. 어 려운시험당 할 때 기 도했나 요
4. 나 의일생다가 도 록 기 도하리 라

오 늘받을은총 위 해 기 도했나 요
나 의앞길막는친 구 용 서했나 요
주 가함께당하 시 면 능 히이기 리
주 께맡긴나의 생 애 영 원하리 라

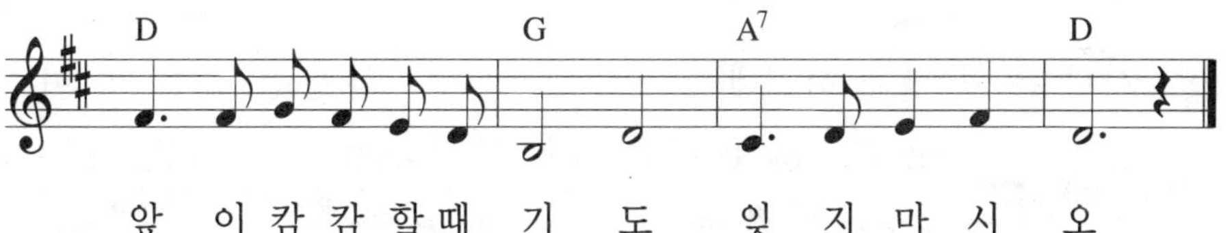

기 도 는우리의안 식 빛 으로인도하 리

앞 이캄캄할때 기 도 잊 지마시 오

45 내가 천사의 말 한다 해도

(사랑이 없으면 / Without love we have nothing)

James Michael Steven & Joseph M. Martin

내가 천사의말 한다 해-도- 내맘에 사 랑 없-으-면-
내가 참 지식과믿음 있어도- 아 무소용 없- 으-니-
산을 옮 길믿음이있 어-도 나 있는 모 든것줄 지라 도
나 자신 다주어도아무 소용없 네소용 없-네 사랑 은사랑은
사랑 은 - 영원 하-네- 사랑은 온유 하 며
사랑 은자 랑치않 으며 교 만하 지 아니 하 - 며

불 의 기 뻐 하 지 아 니 - 하 니
내가 천 사 의 말 한다 해 - 도 - 내 맘 에 사 랑 없 - 으 - 면 -
내가 참 지 식 과 믿음 있 어 도 - 아 무 소 용 없 - 으 - 니 -
산을 옮 길 믿음 이 있 어 - 도 나 있 는 모 든것 줄 지 라 도
나 자신 다 주어도 아무 소용 없네 소용 없 - 네 사 랑 은 사랑은
사 랑 은 - 영원 하 - 네 - 영원 하 - 네 - 영원 영원 히 -

46 아름다웠던 지난 추억들

(친구의 고백)

권희석 사·곡

1. 아름다 웠던- 지난추 억들- 사랑했 었던- 많은친
2. 지난유 월절- 저녁성 찬때- 주님과 함께- 마시던
3. 새벽닭 울때- 난괴로 웠어- 풍랑이 일면- 난무서

구들- 멀고도 험한- 고난의 길을- 나 이제
핏잔- 그일이 문득- 생각이 나면- 어느새
웠어- 하지만 이젠- 두렵지 않아- 이세상

말 없-이 주님을 위 하-여 떠 나야 지
내 뺨-에 주르르 눈 물만이 흐릅니 다 수 없이
끝 까-지 주님을 위 하-여 죽을텐 데

많은- 사 람들 위해- 당신이 바 친- 고귀한

희생- 영원히 당 신과 함께있 고-파 사랑의

십 자 가 를 맞이하 네

감사해요 깨닫지 못했었는데

47

(또 하나의 열매를 바라시며)

설 경 옥

감사 해요 - 깨닫지못했 었는데 - 내가 얼 마나 - 소중한 존재
라 는걸 - - 태초부터지금까지 하나님의 사랑은 - 항
상 날향하고 있었 다 는걸 - 고 마워요 - 그사 랑 을가르
쳐준당신께 - 주 께 서허락하신당신 께 그리스
도 의사랑으 - 로더욱 섬기 며 이제 나도세상에 - 전하 리라
- 당신 은 사랑받기 - 위해 그리고
그 사 랑 - 전하기 - 위 해 주께서 택 하시고 - 이땅에
심 으겼네또 하 나의 - 열매를 바라시 며

48 어느날 다가온 주님의

(고 백)

김 석 균

어 느날-다 가온 주 님의   이름을부를수- 없었어요
뜨거운사 랑을   느 꼈지만   부 를수- 없었어 요
어느날-다 가온주 님의   모 습을쳐다 볼수- 없 었어요
따 뜻한사 랑을   느 꼈지만   바 라보지못 했어 요
비 우지못 한   작 은가 슴   당 신의사 랑은   너 무커 요
부 서지고   낮아져도   당 신앞 에 설수   없 었어요
오 늘도 - 찾아온 주 님의   이름을불러 봅니 다

G   D   A7   D
부를수록다정한   주님모습   가만히안아봅니 다

감사해요 주님의 사랑

(Thank you, Jesus for Your love to me)

49

Alison Revell

D   Em   A7   Dmaj7   D6
감 사 해 요 - 주 님 의 사   랑   -

F#°7   Em   A7   D   D7
감 사 해 요 - 주 님 의 은   혜   -

C/D D7   G   A7   F#m7 C#3   Bm
목 소 리 높 여 주 님 을   영 원 히 찬 양 해 요

Em7   A7   A7   D
나 의 전 부 이 신 -   나 의 주 님   -

나 무엇과도
(Heart and Soul)

Wes. Sutton

D   A/C#   G/B   D/A
나 무엇과 - 도주님을바 - 꾸지 - 않으리 -

G   A   D   Asus4   A
다 른어떤 - 은혜 - 구하지않 - 으리 -

D   A/C#   G/B   D/A
오직 주님만 - 이내삶에 - 도움이 - 시니 -

G   A   D C/D D7   G   A
주의 - 얼굴보기 - 원합니다 - 주님사 랑 - 해요

Bm Bm/A   G   A   Bm Bm7/A   G   A
- 온맘과   정성다해 - 하나님 - - 의

Bm   A   G D/F# Em7   A   D
신 실 - 한 - 친구되기 - 원합니다 -

나는 믿음으로 주 얼굴

(As for me)

Dan Marks

나 - 는 믿음으 로 주 얼굴보 리니 -
아침에 깰 때 에 -주형상 에 만족하 - 리
나 주님 닮 기 원 하 네
믿음으 로 주얼굴 보 리 라 - 나 -
라 - 믿음으 로 주 얼굴
보 리 라 -

52

내 평생 사는동안
(I will sing unto the Lord)

Donya Brockway

내 평 생 사 는 동 안 주 찬 양 하 리 여 호 와 하 나 님
내 주를찬 양 하 리 주 님 을 묵 상 함
이 즐 겁 도 다 내영혼 주 안 에 서 참 기 쁘 리 -
내영혼 아 주 님 을 송 축 하 라 - - - -
내영혼 아 주 님 을 찬 양 하 라 - -
내영혼 아 주 님 을 송 축 하 라 - - - 내 영 혼
아 주 님 을 찬 양 하 라 - 내영혼 라 - -

내가 그리스도와 함께

내가 그 리스 도 와 함 - 께 십자 가 에 못
박 혔나 니 - 그런 즉 이 - 제 내가
산 것아니 요 오 직 내안 에 예 수 께 -
서 사 신 - 것 이 - 라 - 이제
내 - 가 육체 가 운 - 데 사 는 것
은 - - - 나를 사 랑하사 자기 몸
버 리 신 예수 위 해 산 것이 라 -

내가 주를 찬송하리

이스라엘 민요

D   G   Em   A   1. D G/D D
내가주를찬송하리 높고영화로우신주 말과적군을죽이셨 네

2. D   G   A7   D G D
네 여 호 와는힘 과노래 나 의 구원이되셨 네 - - 여

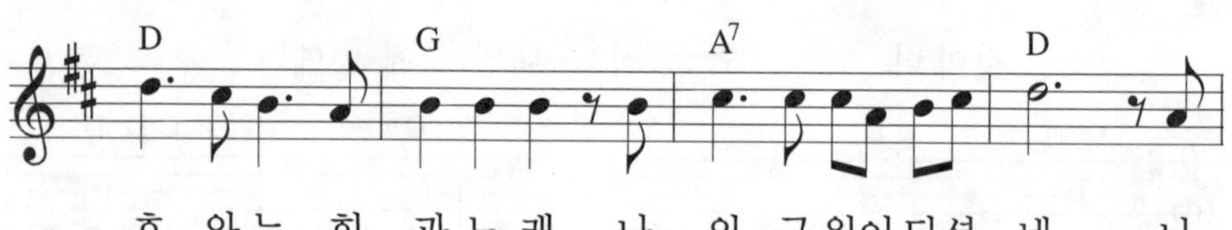

D   G   A7   D
호 와는 힘 과노래 나 의 구원이되셨 네 나

D   Em Em7   A7   D   A
의 하 나 님 찬 송하며내 가 주를 높 이-리-로-다나

D   Em Em7   A7   D A D
의 하 나 님 찬 송하 며내 가주 를 높 이-리-로다

내게 있는 향유 옥합

(옥합을 깨뜨려)

박 정 관

내 게 있 는 향 유 옥 합 주 께-가 져 와

그 발 위 에 입 맞 추 고 깨 뜨-립 니 다

나 를 위 해 험 한 산 길 오 르-신 예 수
나 를 위 해 십 자 가 에 달 리-신 그 발
주 님 다 시 이 땅 위 에 임 하-실 그 때

걸 음 마 다 크 신 사 랑 새 겨-놓 았 네
흘 린 피 로 나 의 죄 를 대 속-하 셨 네
주 의 크 신 사 랑 으 로 날 받 아 주 소 서

56
너 어디 가든지
(May the Lord bless you)
하스데반

D   A   Bm   F#m F#m7
1. 너 어디 가 든지   순 종 하 라
2. 나 어디 가 든지   순 종 하 리

G   D   E7   Asus4 A7
너 어디 있 든지   충 성 하 라
나 어디 있 든지   충 성 하 리

Dmaj7   A/C#   Bm   F#m F#m7
주 너의 하 나 님   왕 되 신 주
주 나의 하 나 님   왕 되 신 주

G   D Bm7 Em/B A7   D
영 원 히 주 님 만   찬 양 하 라
영 원 히 주 님 만   찬 양 하 리

목마른 사슴

(As the deer)

57

Matin J. Nystrom

D   A/C#   Bm   D²/A   G   A⁷   D A/D G/D
목 마 른 사 슴 시 냇 물을찾아 헤 매 이 듯 이
금 보 다 귀한 나 의 주님내게 만 족 주 신 주

D   A/C#   Bm   D²/A   G   A⁷sus A⁷   D   A/C#
내 영 혼 주를 찾 기 에-갈급 하 -나 이 다
당 신 만 이- 나 의 기쁨또한 나 의참 보 배

Bm   Bm/A   G   D²/F#   Em   Em/D   Em/C#   F#sus F#
주 님 만 이- 나 의힘 나 의방 패나의 참 소   망

D   A/C#   Bm   D²/A   G   A⁷sus A⁷   D
나 의 몸 정 성 다 바 쳐서주님 경 배합 니 다

58 눈을 들어 영광의 왕을 보라

(Open your eyes)

Carl Tuttle

눈 을 들 어 영광 의 왕 을 보 라
소 리 높 여 주를 찬 - 양 하 라
사 랑 해 요 선 포 하 리
알 렐 루 - 야 주 송 축 해

당신은 사랑받기 위해

이민섭

당신 은 - 사랑받 기위 - 해 태어 난사람- 당신
의삶속에서- 그사랑 받고있지요- 당신 받고있지요-
태초부터- 시작된 하나님- 의사랑은 - 우리
의만남- 을통해 열매를맺고 - 당신이 이세상- 에존
재함 으로인- 해- 우리 에게 얼마나-큰 기 쁨이되는지-
당 신 은 사랑받- 기위해 태어 난 사람-
지금도그사랑- 받고있지요- 받고있지요-

60 때가 차매
(Now is the time)

작자 미상

때 가 차 매 — 아 버 지 께 — 신
령 과 진 정 으 로 예 배 드 리 네 — — 때 가 차
매 — 아 버 지 께 — 신
령 과 진 정 으 로 예 배 드 리 네 —

마음을 다하고
(여호와를 사랑하라)

주숙일 사·곡

마 음을 다하 고 성 품을 다하 고
힘을 다 하여 서 여호 와를 사랑하 라
네 게준 계명 을 마 음에 새기 고
부지 런히- 부지 런히- 이웃 에게 전하여 라
그 러 면 네가 짓 지않은 큰 집을주리 라
네가 심 지않은 과실을 먹게하리 라 -
그 러나 한가 지 잊 지는 말아 라
죄인 된 우리 를 구원 하신 여호와 를

선하신 목자
(Shepherd of my soul)

Martin J. Nystrom

선하신 - 목자 - 날 사랑하 - 는분 - 주
인도하 - 는곳 - 따라 가 - - 리 주의말 - 씀을 - 나
듣기위 - 하 - 여 주 인도하 - 는 - 곳 가려 네
네 나를 푸른초 - 장과 - - 쉴 만한물 - 가로 - 내
선하신 - 목자 - 날인 - 도해 - 험한 산과골 - 짜기 - 로 내가
다닐찌 - 라도 - 내 선하신 - 목자 - 날인 - 도해 -

사랑의 주님이

사 랑 의 주 님 이 날사 랑 하시 네
내모 습 이대 로 - 받으셨 네 -
사 랑 의 주 님 이 날사 랑 하듯 이
나 도 너를 사랑 하며 섬기 리 -

64

A E   A E
Bm F#   Bm F#
루야승리로
할렐 루야 고치 셨 네
F#   Bm F#
모든 질병고치 셨네
G   Asus4 A7   D G   D Asus4   D
주 다 스 - 리시 네 - -

모든 이름위에 뛰어난

65

고형원

빌 2:9-11

D   F#m/C#   BmBm/A   G Em7/G   Asus4
모든 이름위- 에뛰어난 -이 름   예수는 주 - 예수는 주
D   F#/C#   Bm   Bm/A   G   A   D
모두 무릎 꿇고경 배를 드리세 예 수 는 만유의- 주 님
G/A   D2   F#m   G   A   D D7
예수는 주 -예수는 주   온 천 하 만물우- 러 러   그
G   A/G   F#   Bm   G A   G   A   G/D D
보 좌앞 영 광을 돌리-세 예수 예수   예 수 는- 주 -

66
아침안개 눈앞 가리듯
(언제나 주님께 감사해)
김성은 사, 이유정 곡

아침안개 눈앞가리 듯 나의 약한믿음의심쌓일 때 부드
빗줄기에 바위패이 듯 나의 작은소망사라져갈 때 고요

럽게다가온주의음 성 아무 것도염려 하지 마 라
하게들리는주의말 씀 내가

너 를사랑하노 라 외로움과방황속에 서

주님 앞에 나아 갈 때 에 위로 하시 는주 님

나 를도우사 상한 나의 마음 감싸 주시 네

십자가의보 혈로 써 주의 크신사랑알게하셨 네

주 님께 감사하리 라 언제 나 주님께감사 해

오 나의 자비로운 주여 67

(영혼의 노래 / O let the son of God enfold you)

John Wimber

오 나의 자 비로 운 주 여 나의 몸 과영 혼
모 여라 주 께찬 양 하 라 나의 귀 한친 구
을 주님 은 혜로 다 채 워주소 서 —
여 주이 름 앞에 너 두 손모으 고 —
이 세 상 괴 롬걱 정 근 심 주여 받 아주 시
오 너 의 슬 픔세 상 눈 물 너의 쌓 인아 픔
고 험한 세 상에 서 인 도하소 서 —
을 십자 가 앞에 서 모 두버 리 고 —
예 수 오 예 수 지 금 오 셔 서 —
예 수 오 예 수 채 워 주 소 서 —

68
예수 이름으로
(In The Name of Jesus)
Scott Brenner

D   Em7   A   D2   A/C#   Bm

예 수 이 름 으 - 로 - 예 수 이 름 으 - 로 -
세 상 의 빛 예 - 수 - 세 상 의 빛 예 - 수 -
십 자 가 의 보 - 혈 - 십 자 가 의 보 - 혈 -

Em7   Asus4 A   G/D   D   D7

자 유 의 능 력 이 예 수 께 있 네 -
영 원 한 생 명 이 예 수 께 있 네 -
우 리 의 죄 악 을 용 서 하 셨 네 -

C/D D   G   A/G   F#m   Bm

모 든 기 적 과 - 능 력 - 이 - 주 께 만 - 있 네 -
모 든 기 적 과 - 능 력 - 이 - 주 께 만 - 있 네 -
모 든 기 적 과 - 능 력 - 이 - 주 께 만 - 있 네 -

A/C# B/D# Em7   Asus4   A   Gm/D   D

예 수 이 름 으 - 로 - 예 수 이 름 으 - 로
세 상 의 빛 예 - 수 - 세 상 의 빛 예 - 수
십 자 가 의 보 - 혈 - 십 자 가 의 보 - 혈

예수 이름이 온 땅에

69

김 화 랑

D A G D G D
예 수 이 름 이 온 땅 에 - 온 땅 에 - 퍼 져 가 네
예 수 이 름 이 온 땅 에 - 온 땅 에 - 선 포 되 네

D A G D G D
잃 어 버 린 영 혼 예 수 이 름 - 그 이 름 듣 고 - 돌 아 오
하 나 님 의 나 라 열 방 중 에 - - 열 방 중 에 - 임 하 시

D G A F#m Bm G A
네 - - 예 수 님 기 뻐 노 래 하 시 리 잃 어 버 린 영 혼 - 돌 아 올
네 - - 하 나 님 기 뻐 노 래 하 시 리 열 방 이 - 주 께 - 돌 아 올

D G A F#m Bm G A D
때 예 수 님 기 뻐 춤 추 시 리 잃 어 버 린 영 혼 - 돌 아 올 때
때 하 나 님 기 뻐 춤 추 시 리 열 방 이 - 주 께 - 돌 아 올 때

70 예수 하나님의 공의

(This kingdom)

Geoff Bullock

예 - 수 - 하나님의공 의 주 독생
예 - 수 - 하나님의사 랑 주 은혜
자 그의나 라 임하시 - 네 -
와 말씀으 로 나타났 - 네 -
예 - 수 - 제물이되신 주 - 영광중
예 - 수 - 거룩한하나 님 -
에 그의나 라 임하시 - 네 - 주의
나라 영원 하며 - - 그의 영광 무궁 하리 - - 왕의
위 엄과 - 능력 - 이 - 이제 임하였 - 으니 - 주의

D   A/C#   Bm   F#m/A   G
주권과- 주의 통치와- 주의 나라 힘-과권세 임하네-
D/F# G D/A Bm Em7 Asus4 A G/D D
예 - 수 하 나님의- 공 의 -

영광 영광 어린양
(Glory to the Lamb)

Larry Dempsey

D   A/C#   G/B Gmaj7 Em7   Asus4   A
영 - 광 영 - 광 영광어 린 양
D   A/C#   Em7   A   Dsus4 D   F#m7
영 - 광 영 - 광 영광어 린 양 영광의
Gmaj7 A/G F#m7   Bm7   Em7   A   C/D C/E D/F#
주 예 수 찬 양받으실분보 좌 위어 린양   소
Gmaj7 A/G F#m7   Bm7   Emaj7/A A7sus4 Dsus4 D
리 높여 찬 양을주님 께보 좌 위어 린 양

72

오라 우리가
(Come and let us go)

B Quigley & M.A. Quigley
오라 우리가 - 여호와의 - 산에 올라 - 하
나 님의 전에 이르자 - - 주
님 의 도 를 배우 고 - 주
님 의 길로 행하 리 - 이 는
율 법이 시 온 에서 나 오고 - 주의
말 씀은 예 루 살렘 에 서 -

오소서 진리의 성령님

(부흥 2000)

고 형 원

오소서 진리의 성령님- 이땅흔들며임 하소서 -
거짓과탐욕죄 악에무너진- 우리가슴정케하소 서
오소서은혜의 성령님- 하늘가르고임 하소서-
거룩한불꽃하늘 로서임하사-타오 르게하소서주영광위 해
부흥의불길 타오르게 하소서-- 진리 의말씀-이땅새롭게하소 서
은혜의 강물- 흐르게하소서-- 성령 의바람- 이땅가득불어 와
흰옷입-은주의 순결한백성 주의 영광위해지금일어 나
열방을- 치유하 며행진하는 영 광의그날을주-소 서

74. 우리 모일때 주 성령 임하리

(As we gather)

Mike Fay & Tommy Coomes

우리 모일때 - 주 성령 임 - 하 리
우리 모일때 - 주 이름 높이리 우리 마음 모 - 아
주를 경배할때 주님 축복하 - 시 리 - -
주 님 축 복 하 - 시 리

이와같은 때엔
(In moment like these)

David Graham

이와 같은 때 엔 난 노래하 네 사 랑을 노
이와 같은 때 엔 난 기도하 네 조 용히 기
래하네 주 님 께 이와 같은 때 엔 손
도 하 네 주 님 께
높이 드 네 손 높이 드 네주 님 께 -주님
사 랑 해 요 - 사 랑해 요 - 사
랑 해 요주님사 랑 해 요 - 주님 -

76 이 시간 주님께

(나의 기도 / In moment like these)

Graham Kendrick

이 시 간 주 님 께 기 도 합 니 다
영 원 한 생 명 을 주 신 주 님 – 께
진 실 한 사 랑 을 주 여 달 라 – 고
아 메 마른 저곳 에 참 사 랑 이 되신 주
아 차 가운 저곳 에 참 소 망 이 되신 주
경 건 한 맘으 로 기 도 합 니 다
1. 영 원 한 생 명 을 주 신 주 님 – 께
2. 진 실 한 사 랑 을 주 신 주 님 께

주님 내가 여기 있사오니
(나를 받으옵소서)
최 덕 신
77
주님 내 가 여기있 사오니 나를 보 내소- 서
나의 맘 나의몸 주께 드 리오-니 주 받으옵 소 서
주님 내 가 여기있 사오니 나를 써 주 소- 서
가진 것 모두다 주께드 리오-니 주 받으옵소 서
알 렐 루 - 야 알 - 렐 - 루 - 야
알 렐 루 - 야 - - 알 - 렐 루 야
야 나를 받으옵 소 서 나를 받 으
옵 소 서 -

78
작은 불꽃 하나가
(전하세 / Pass it on)
Kurt Kaiser

1.작은 불 꽃하나 가 큰 불을일으 키-어- -곧
(새싹)이 돋아나 면 새 들은지저 귀-고- -꽃
(친) 구 여당신 께 이 행복전하 고싶소- -또

주 위사람 들 그 불 에몸녹 이듯이- -주
들 은피어 나화 창 한봄날 이라네- -주
주 는당신 의의 지 할구세 주라오- -산

님 의사랑 이같이 한 번경 험하면- 그 의사랑모
님 의사랑 놀라와 한 번경 험하면- 봄 과같은 새
위 에올라 가-서 세 상에 외치며- 내 게임한그

두에게 전 하고싶으리 - -2.새싹
희망을 전 하고싶으리 - -3.친-
의사 랑 전 하기원하네 네 -산

위 에올라 가-서 세 상에 외치리- 내

게 임한그 의사랑전 하 기 원 하네- -

주 다스리네
(The lord Reigns)

Dan Stradwick

주 다 -스리네 - 주 다 -스리네 - 주
다 -스리네 - 온땅기 뻐해 - 온땅기 뻐 해 - 온땅기 뻐해
- 만 백성 기 뻐 하 라 - 주다스리
네 - 주 네 -
주 님 나 라 임 -하 네 모 든 적 불 태
-우 네 악 한세력은 녹네 주 님 의임 재앞- 에
주 님 의임 재앞- 에 - - 주
네 - 주다스리 네 -

80. 주님 내게 선하신 분

(So good to me)

Darrell Evans & Matt Jones

주님 내게 선하신 분
고아 같은 나를 구해
매일 아침마다 주의

주의 자녀 삼아 주셨네 주님 내게 선하신
자비로 새 생명 주네 주님 내게 선하신

분 내 과거를 던지시고 내 죄세지 않으시 -네-
분 주의 손이 내게 계셔 내 기쁨이 주께 있 -네-

나 춤을 추네 - 나 주께 외쳐-

나 주께 뛰네 - 뛰며 불며 할렐루야 - - 선하 신분

- 선하 신분 - 선하 신분 - 주님

오 직주 -님이- 나 를구 -했네
나거 리에 - 서 도- 찬양 을드 -리네 -

우리 함께 모여 81
(We're togather again)

Gordon Jenson & Wagne Hilton

우 리함께모 여 - 주의이름찬 양
우리함께모 여 - 주를부르 세 - - - -
- 위 대 한 일행하 셨 네 우리 소 망충만 해
- 우리함께모 여 - 주의 이름찬 양

82
주님 말씀하시면
(말씀하시면)
김영범
주님 말씀하-시 면 - 내가 나 아가-리다 - 주님
뜻 이아-니면 - 내가 멈춰서-리다 - 나의
가고서-는 것 - 주님 뜻 에있-으니 - 오 주
-님- 나 를이끄-소 -서- 주님 뜻하
신 그-곳 에 - 나 있 기 원합-니-다 - 이 끄
시 는-대로- 순 종 하며살-리-니- 연 약한내-영혼
- 통하여 일하-소 -서- 주님나라와-그 뜻을-위하여
- 뜻하 오-주 -님- 나 를이끄-소 -서-

주님께 영광을

주 님 께 영 - 광 을 -
주 님 께 감 - 사 를 -
주 님 께 찬 - 양 을 -
할 렐 루 야
- 우 리 의
1. 젊 - 음 을 -
2. 가 - 진 것 -
모 두 다 바 - 쳐 서 -
주 님 을 사 - 랑 해 -
할 렐 루 야

주님의 마음으로 나 춤추리
(Teach me to dance)

삼하 6:15~17

Sterve A.Thopson & Graham Kendrick

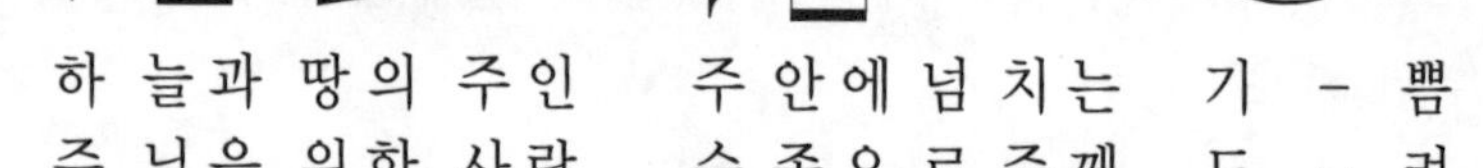

주 님 의마   음 으로나 춤추 – 리   성 령의능   력으 로 따라가
음 으로사 랑하 – 리   주님약속   의말 씀 신뢰하

– 리   주 님 의빛   가 운 데걸 어가   – 리   주 님 의마
– 리   다 시 오실   주 님 나 바 라보   – 리   주 님 의마

음 으 로춤 추리 –   주 님 의마   리   주 는생 명의근원
음 으 로춤 추리 –   주 님 의마   리   매 일의 삶속에서

하 늘과 땅 의 주인   주 안 에넘 치는   기 – 쁨
주 님 을 위 한 사랑   순 종으 로주 께   드 – 려

주 님 의 아 이되 어   기 쁨의– 춤추 리   주 님의영 광 을
나 의모 든 힘 다해   주 님 께경 배하 리   나 의모 든것 다

G/A   A   G/A   A
위 - - 한   기 - - 쁨   주님의마
드 - - 려   찬 - - 양   주님의마
D.S.
D/A   A7   D   G   D/A   A7   D
음으로춤추리 -   주님의마   음으로춤 추리 -

주여 진실하게 하소서 85
(I'll be true, Lord Jesus)

작자미상

D   A7
주여 *진 실 하 게 하 소 서   오 늘 하 루
D   D7
순 간 순 간 을   주 가 주 신 힘 으 로   승 리
G   B7   Em   D   A7   D
하 기 원 하 네 주 여 나 를 진 실 하 게 하 소 서

* 사랑하게, 묵상하게, 기도하게, 말씀보게, 전도하게

86

왕이신 나의 하나님

(Psalms145—I bless you My God)

하스데반

왕 이신 -나 의 하나 님 - 내
가 -주 를 높이 고 - 영
원히 -주 의 이름 을 - 송
축 하 리 이 다 -

주의 인자는 끝이 없고
(The steadfast love of tthe Lord)

Edith Mcneil

D　Bm/F#　G　D/A　A7
주 의 인 자 는 - 끝 이 - 없 고 그
주 의 사 랑 은 - 끝 이 - 없 고 그
주 의 보 호 는 - 끝 이 - 없 고 그

D　Bm/F#　G　Asus4　A
의 자 비 는 - 무 궁 하 며 - 아 침
의 공 의 는 - 영 원 하 며 - 아 침
의 자 비 는 - 풍 성 하 며 - 아 침

Gmaj7　A7/G　F#m　Bm　G
마 다 새 롭 고 늘 새 로 우 니 주 의 성

Asus4　A7　D　D2　D7　Em　G/A　A7　D
실 이 큼 이 라 성 실 하 신 주 님 -

88 주의 이름 안에서

(찬양의 제사드리며 / We bring the sacrifice of praise)

Kirk Dearman

주의 이름안-에서- 주의 성소로-가네--- 영광
주의 말씀주-시고- 우리 감사드-리네--- 주의

스러운- 이곳- 에 우리 기쁘게- 왔네- - 거룩
날개그- 늘밑- - 우리 피난처- 되네- - 주의

한보좌-앞에-서 따뜻 함을느-끼네--- 우리
길을따-르며-- 우리 주께순-종해--- 모든

마음경배-하-며 찬양의 제사드리네- - -
상황속에-서-도 찬양의 제사드리네- - -

찬 양의제사드리 며 -성소로 들어 갑니 다

찬 양의제사드리 며 -성소로 들어 갑니 다 우리

G   F#m7 Bm7   Em7 A9   D Em7 D/F# D
모 두주님 께 –감사의 제 사를 드리세 우리
G   F#m7 Bm7   Em7   A9   D
모 두주님 께 –기쁨의 제 사드리 네

주의 자비가 내려와
(Mercy is falling)

89

David Ruis

D   Em   D/F#   A7   D   Em   D²/F# G   A
주의자비–가내려 –와내려– 와 주의자비–가봄   비같이
D   Em   D/F#   A7   D²
주의자비–가내려 –와나 를덮 네   –
D   G   D   G   A7
헤이호 주의 자비하심 과 헤이호 주의 은혜로
D   G   D/F# D/E A   D G/D D
헤이호 나는영원히 춤추 리   –

주의 임재 앞에 잠잠해
(Be still for the presence of the Lord)

David J. Evans

주 의 임재 앞 에 잠잠해 주 여 기 계 시 네
주 의 영광 앞 에 잠잠해 주 의 빛 비 치 네
주 의 능력 앞 에 잠잠해 주 역 사 하 시 네

와 서 모두 굽혀 경배해 신 령 과 진 리 로
거 룩 한- 불 태우시며 영 광 의 관 쓰 네
죄 사 하고 치 유하시는 놀 라 운 주 은 혜

순 결 하 신 주님 거 룩 한 존 전에
그 영 광 찬 란해 빛 되 신 우 리왕
주 믿 는 자 에게 능 치 못 함 없네
주 의 임재 앞 에 잠잠 해 주 여 기 계 시 네
주 의 영광 앞 에 잠잠 해 주 의 빛 비 치 네
주 의 능력 앞 에 잠잠 해 주 역 사 하 시 네

찬양의 열기 모두 끝나면

찬양의 열기 모두 끝나면
(마음의 예배 / The heart of Worship)
Matt Redman
1. 찬양의 열기 - 모두끝나면- 주앞에나 와 -
2. 영원하신 왕 - 표현치못할- 주님의존 귀 -
더욱진실한 - 예배드리네- 주님을향한 -
가난할때도 - 연약할때도- 주내모든것 -
노래 이상의 노래 - 내맘 깊은곳에 주께서 원하신것 -
화려한음악보다 - 뜻없는열정보다 중심을원하시죠 - -
주님께드릴맘 -의 예-배 주 님을위한 -
주 님을향한 노래 중심잃은예배내 -려놓-고
이제 나 돌아와- 주 님만예배 해요 -

92 탕자처럼

김 영 기

D F#m Bm D E7 A
1. 탕 자처럼 방황－ 할 때 도   애타게 기 다리 는   －
2. 불 순종한 요 나와 같 이 도   방황 하 던 나에 게   －
3. 음 탕한 저 고 멜과 같 이 도   방황 하 던 나에 게   －

D F#m G D A7 D D7
부드런 주님의 음 성 이 내 맘을 녹 이셨 네   －
따뜻한 주님의 손 길 이 내 손 을 잡 으셨 네   －
너그런 주님의 용 서 가 내 맘을 녹 이셨 네   －

G D D7 G D D7
오 주님 나 이제 갑 니 다 날받아 주 소－ 서   －

G D Bm D A7 D
이 제는 주 님만 위 하 여 이 몸을 바 치리 다   －
이 제는 주 님만 위 하 여 이 생 명 바 치리 다   －
이 제는 주 님만 위 하 여 죽 도록 충 성하 리   －

평안을 너에게 주노라
(My peace I give unto you)

Keith Boutledge

D   F#m   G6   A7
평안 을 너에 게 주노 라   -   세상
D   F#m   G6   A7
이 줄 - 수 없 - 는   -   세상
Gmaj7   A/G   F#m   Bm   Bm/A
이 알수 · 도 없 는 평 - 안
G   A/G   F#m7   Bm
평 - - 안   평 - - 안 평안
Em7/A   A7   G/D   D
을 네 게 주노 라   -

94

주 내 삶의 주인되시고
(Lord, You are the Author of my life)

Judy Pruett

주 내삶의주 - 인되-시 고 - 새로운일
직 주님만이 - 내일-생 과 - 내영혼의
- 이루-셨네 - 주뜻이루 - 려고- 날
- 주되-시네 - 주말씀전 - 하라- 날
예 정하-셨네 - - - - 오
선 택하-셨네 - - - - 주
의 능력으로 - 인도-하사 - 크 신일
의 얼굴만을 - 찾으-리니 - 주 여나
-을 이-루소 - 서 의 지합-니 다
-와 함-께하 -
- 주 사 주 뜻 이 루 소 - 서

당신은 알고 있나요 95

당신은 알-고 - 있 나요   우리를위한그사 랑
당신은 알-고 - 있 나요   십자가의그사 랑
그 사 랑 당신 마음깊은곳그곳에 있 으 리
그 사 랑 험한 세상한가운데있나 니 -
그사랑 깨달아 - 아 나요   당신과나를용서 한
그사랑 당신의 - 마음속에   항상함께 하리 라

96 기뻐하며 승리의 노래 부르리

(We will rejoice)

David Fellingham

기 - 뻐하며 - 승리 의 노래부 르 리
그 백성 주가회복 시 - 키시 네
그 - 사랑으 로 억눌 렸던자모 아 칭찬과
명 - 성얻 게 하시 네 - 전심으
로 - - - - 기 뻐하 리
로 기 뻐하리 - 전능의 왕우 리함께

전능의 왕 --- 함께하시 네
B7
E
우리의 강하 신용사 - 구원과 승리 주시네
E7
A
E
기뻐 외치 며 주께 두 손 들리-
C#7
F#m
B7
E
춤을 추 며 왕 께 찬 양해-
E7
A
E
모든원수 를 멸 하 신 주님-
C#7
F#m
B7
E A/E E
전 능의 왕 함께하시 네 -

97 감사함으로 그 문에 들어가며

(I will enter His gate)

Leona Von Brethorst

E A E A B7
감사 함으로그 문에 들어가-며 그의 궁정 에들어 가--

E A A#dim E G#/D#C#m A F#m B7 E
주께 감사 드리며 그 이 름-을 송 축 할-찌 어- 다

E A E A F#m B7 E A E
주님의기쁨   내게임하네 나 항상기쁨안 에서 주 찬 양

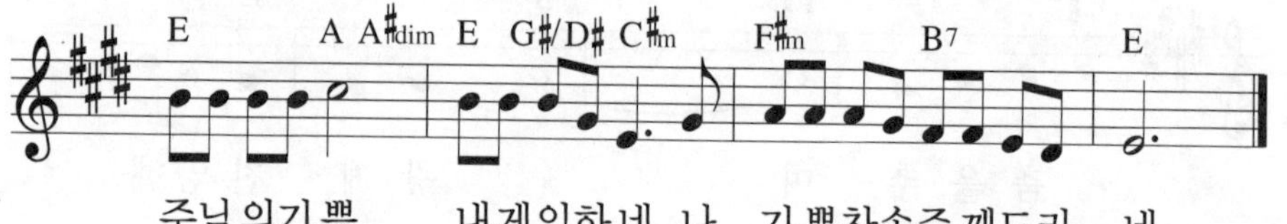

E A A#dim E G#/D# C#m F#m B7 E
주님 의기쁨   내게임하네 나 기쁜찬송주께드리 네

나를 지으신 주님

내 이름 아시죠 / (He knows My Name)

Tommy Walker

나를 - 지으 신주님 - 내안 - 에 계셔 -
처음 - 부터 내삶은 - 그 의손에 - 있었죠 -
내이 - 름아 - 시죠 - 내모 - 든생 - 각도 -
내흐 - 르는 - 눈물 - 그 가닦아 - 주셨죠 -
아바 - 라부 - 를때 - 그 가들으 - - 시죠 -
그는 - 내아 - 버지 - 난그 - 의소유 -
내 가 - 어딜가 든지 - 날 떠나지 - 않죠 -

나의 등 뒤에서

(일어나 걸으라)

최 용 덕

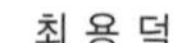

나 의등 뒤에 서 나를 도 우시는 주
나 의 인생-길에 서 지치 고 곤하 여
평 안 히길-을갈 땐 보이 지 않아 도
때 때 로뒤돌아보 면 여전 히 계신 주
매 일 처럼 주저 않고 싶을-때 나를-밀어주시 네
지 치 고곤 하여 넘어 질때-면 다가 와손내미시 네
잔 잔 한미 소로 바라 보시-며 나를-재촉하시 네

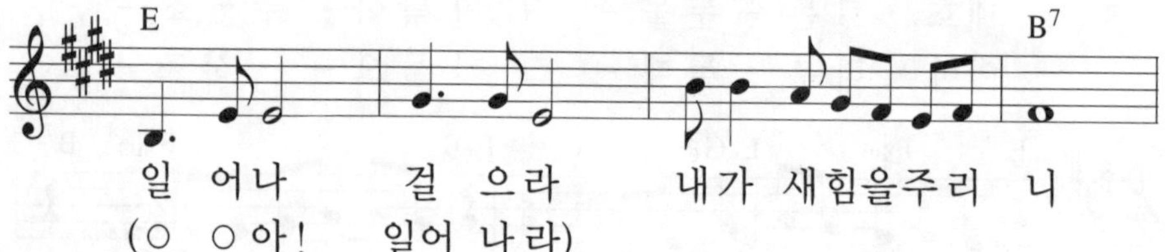

일 어나 걸 으라 내가 새힘을주리 니
(○ ○아! 일어 나라)

일 어 나 너 걸 으 라 내 너를 도 우 리

나의 마음을

(Purify my heart)

Brian Doerksen

나 의 마 - 음을 - 정금과같 이 정결케 하 소 서
나 의 마 - 음을 - 정금과같 이 하 소 서
내 영혼에 - 한 소망있 으니 - 주님 과
같 - 이 거룩하게 - 하 - 소 - 서 - 나 의 삶
을 드리니 거룩하게 - 하 소서 - - 오 주 - 님
나를받으 - 소 서 - 나를받으 - 소 서 - -

101 나의 부르심

(This is my destiny)

Scott Brenner

나-의부르심- 나의영원-한소-망 예수님의-형상-을
닭--는것- 나-의목적- 나의높은-부르-심
세상을뒤로-하고- 주위-해사-는것- 덮으-소서-
주-거-룩한-품에-품으--소서---이곳
이나속-한곳-오예-수 이끄-소서--주
얼굴보-기위-해은-밀한- 곳으로--내가 나아갑-니다-

날마다 숨쉬는 순간마다 102

(Day by day)

Sandra Berg & Ahnfelt Oscar

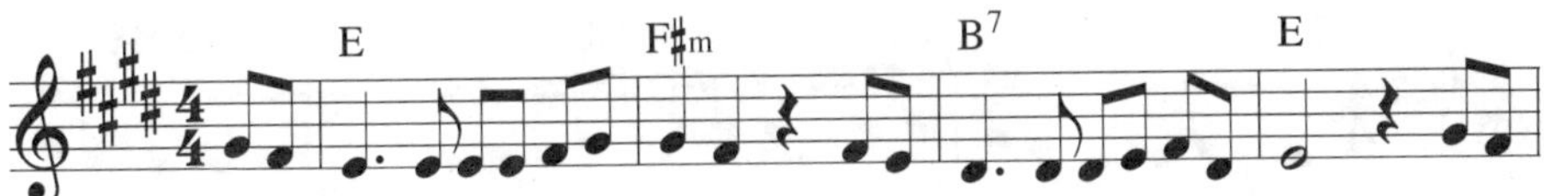

E   F#m   B7   E
1. 날마 다 숨쉬는순간 마 다   내앞 에 어려운일보 네   주님
2. 날마 다 주님내곁에 계 셔   자비 로 날감싸주시 네   주님
3. 인생 의 어려운순간 마 다   주의 약 속생각해보 네   주님

F#m   B7   E
앞 에이몸을맡 길 때   슬픔 없 네두려움없 네   주님
앞 에이몸을맡 길 때   힘주 시 네위로함주 네   어린
속 에믿음잃지 않 고   말씀 속 에위로를얻 네   주님

E7   Amaj7   F#m/A   B7   E   A/B
의 그자비로운 손 길   항상 좋 은것주시도 다   사랑
나 를품에안으 시 사   항상 평 안함주시도 다   내가
의 도우심바라 보 며   모든 어 려움이기도 다   흘러

E   F#m   B7   E
스 레아픔과기 쁨 을   수고 와 평화와안식 을
살 아숨을쉬는 동 안   살피 신 다약속하셨 네
가 는순간순간 마 다   주님 약 속새겨봅니 다

103 내 갈급함

윤주형 사·곡
내 갈급함- 어느 것으로- 채울- 수없- 네 내갈급함 - 상한
나의심 -령 에- 내갈급함- 부르 짖는소 -리들- 으소 -서
내갈 급함-주의 음성들-리네- 내 게로나 -오 -라-- 영원히
-영원히- 목 마름전-혀없으리- 내 게로나 -오 -라-- 가까이
-가까이- 생 수의근-원되신주께 내 게로나 -오 -라-- 영원히
-영원히- 목 마름전-혀없으리- 내 게로나 -오 -라-- 가까이
-가까이- 생 명의근-원되신주-께- - - - - -

내 영이 주를 찬양합니다
104
정종원 사·곡
E

내 영이 주를- 찬양합니-다 -

E   F#m   B   E

내 영이 주를- 찬양합니-다 -

B   E   E7   A

내 영이 주 를--- 찬양합니-다 -

A#dim   E/B C#m   F#m   B   E   B7
Fine

내 영이 주를- 찬양합니-다 -

E   A

기 뻐- 하라 - 나의영혼아 감 사-하라 - 손을들고-

E   F#   B7

송 축- 하라 - 주를향해- 외 --치라 -

E   A

기 뻐- 하라 - 나의영혼아 감 사-하라 - 손을들고-

E   B7   E
D.S

송 축- 하라 -나의영혼-아 - 내 영이

105 내 주 같은 분 없네

(There's no one like You, my Lord)

Edd Espinosa

내 주 같-은 분 없-네 - 그 어-느
누 구-도- - 내 생명-다 하 도-록
- 주 얼굴-만 구 하-리- - 내 주 같-은
분 없-네- - 그 어-느 누 구-도-
- 내 주 같-은 분 없-네- - 이 땅-위
- 에 - 오 하-나 님

B/A
G#m7
C#m
주 나 의 모 - 든 - 것 - - - 내 주 같 - 은
F#m7
Bsus4
B7
E
분 없 - 네 - - 이 땅 - 위 - 에 - - - - -
E7
Amaj7
B/A
- 오 하 - 나 - 님 - - - 주 나 의 모 - 든
G#m7
C#m7
F#m7
- 것 - - 내 주 같 - 은 분 없 - 네
B7sus
B7
Esus4
E
- 이 땅 - 위 - 에 - -

106 내가 어둠속에서

문경일
E   E   A   E   F#m
1. 내 가 어 둠 속 에 서 -   헤 맬 때 에 도- 주 님 은 -
2. 내 가 은밀한곳 에 서 -   기 도 할 때 도- 주 님 은 -
3. 힘 이 없 고 연 약 한 -   사 람 들 에 게- 주 님 은 -
B7   E   A/B   E   E
함 께 계 셔 -   내 가 시 험 당 하 여 -
함 께 계 셔 -   내 가 아 무 도 모 르 게 -
함 께 계 셔 -   세 상 모 든 형 제 와 -
A   E   F#m   B7   E
괴 로 울 때 도- 주 님 은 -   함 께 계 셔 -
선 한 일 할 때 도- 주 님 은 -   함 께 계 셔 -
자 매 들 에 게- 주 님 은 -   함 께 계 셔 -
D/E   E7   A   E
기 뻐 찬 양 하 네 할 렐 루   할 렐 루 야 할 렐
Bsus4   B7   E   D/E   E7   A
루 할 렐 루 야   우 리 모 두 찬 양 할 렐 루   할 렐 루
E   C#m   F#m   B7   E
야 - - -   주 님 나 와 함 께 계 시 네 -

너 근심 걱정와도

너 근심걱정 와도
어려운일당 해도
걱정말아 라
주너를지 키리 -
위험한일당 해도
슬픈일 이 와도
걱정말아 라
주너를지 키리 -
늘지켜주 시리 -
주님의 사랑속에거하 라
- 그 의 평화속에유하 라 - 그분의 영원속에자 유하라
- 주지 키 리
- 주지 키 리 -

108 너는 시냇가에 심은

박윤호
E　　E7　　F#m　B7　　E　E7
1. 너－ 는　시냇가 에　심－ 은 －나 무 라
2. 주의 시　절을좇 아　구원 열 매맺으 면
A2　　E C#m/E　F#m　B7　　E　E7
하나 님　의사랑 안　에믿음 뿌 리내리 고
주의 영　화로운 빛　－너를 보 호하리 니
A2　　E C#m/E　F#m　B7　　E
주의 뜻 대 로 주의 뜻 대 로 항－ 상 살 리 라
주의 뜻 대 로 주의 뜻 대 로 항－ 상 살 리 라

109 당신은 하나님의
(축복의 통로)

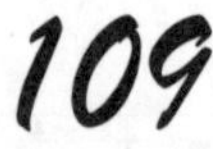

이 민 섭
E　　B　　C#m C#m7　A　　F#m7　B7sus4 B7
당신은－ 하나님－ 의　언약 안에－ 있는축복의－통 로
E　　B　　C#m　　C#m7 A　　F#m　B7　E
당신을 －통하여 － 서 열방이 － 주께 － 돌아 오게 되 리
주께 － 예배 하게 되 리

두 손 들고 찬양합니다
(I lift my hands)

Andre Kempen

두 손 들고 찬양 합니다 다시오실왕 여
호와께 오직 주만이 나를다스리네 -
나 주님만을 섬 기 리 - 헛된마음 버리고 -
성령이여 내 영혼 - 충만하게 하 소서 -
주 님 앞 에 내 생 명 드 리 리 라 -

111 부서져야 하리

(깨끗이 씻겨야하리)

이 정림

Emaj7 F#m B7 E
부서져야 하리 - 부서져야 하리 -
Emaj7 F#m B7 E
무너져야 하리 - 무너져야 하리 -
Emaj7 F#m B7 E
깨져야 - 하리 - 더 많이 깨져야하 리
Emaj7 F#m B7 E E7
씻겨야 하리 - 깨끗이 씻겨야하 리
A E C#m/E F#m B7 E E7
다 버리고 다고치고 겸손히 낮아져 도
A E C#m/E F#m F#7 B B7
주앞에서 정결타고 자랑치 못할거예 요 -
Emaj7 F#m B7 E
부서져야 하리 - 무너져야 하리 -
Emaj7 F#m B7 E
깨져야 하리 - 깨끗이씻겨야하 리

빛되신 주

(Light of the world)

Tim Hughes

E   Bsus   F#m   E   Bsus   E/A
빛 되 신주 어둠가운데비추 - 사   내 눈보게하소 - 서 -
만 유 의주높임 을 받으소 - 서   영광중에계신 - 주 -

E   Bsus   F#m   E   Bsus   E/A
예 배하는 선한 마 음주시 - 고   산 소망이 되시 - 네 -
겸 손하게 이땅 에 임하신 - 주   높 여찬양 하리 - 라 -

E/A   B7   E   B7   E
나 주를경배 하 리엎드 려절 하 며 고백해주나 의하나님

A   B7   E   B7/D#   E/G#   A
- - 오사랑스런 주 님 존귀한예 수 님 아름답고 놀 라 우 신주

1.3. A2/B   2.A   B/D#   E/G#   A
Fine
-    - 다 알수 - 없네 - 주의 - 은 혜 -   내죄

B/D#   E/G#   1.A   2.A   B7
D.S. al Fine
- 위한 - 주십 - 자가 - 다 알 수 - 자 가 -   나 주를 경배

113 빛이 없어도
(주 예수 나의 당신이여)

이인숙 사, 김석균 곡

빛이 없어도 환하게 다가 오시는 주예수나의-당신이 여
나는 없어도 당신이곁에 계시면 나는언제나-있습니 다

음성이 없어도 똑똑히 들려주시는 주예수나의 -당신이 여
나 -는 있어도 당신이 곁에 없으면 나는언제나 -없습니 다

당신이 계시므로 나도있 고 -당신의노래가머뭄으로나는부를수있어요

주 여   -꽃처럼 향기나는- 나의 생 활이아니어 도

나는 당 신이좋을수 밖에없어요 주예 수 나의당 신이 여

주 앞에 엎드려
(I will bow to You)

Pete Episcopo

주 앞에엎 – 드려   경배합 – 니다 –   오직 – 주께 –
주 경배합 – 니 다   다른신 – 아닌 –   오직 – 주께 –   나의모
– 든 – 우상 – 들   나의 – 보좌 –   모두 – 다내 – 려 놓고 –
주 앞에엎 – 드려   경배합 – 니다 –   오직 – 주께 –

115 손을 높이 들고 주를 찬양

시 134:2

손을높이들고 주를찬양- 높은곳을향해 주를찬양- -
모 든 만물 들은 - 주를 찬 -양하라 -
왕의 왕되신 예수 - 다 스리시는 예수-
생 명 있 음 을 찬 양 해 -
할 렐 루 야 주를찬양- 할 렐 루 야 주를찬양- -
생 명 있음 을 찬 양 해
을 찬 양 해 -

너는 그리스도의 향기라

구현화 사
이사우 곡

너는 그리스도의 – 향 기 라 – 너는
그리스도의 – 편 지 라 하 나 님 – 앞에서그 – 리
스 도의 – 향 기 니 – 너를통해 사랑이 – 흘 러 가
생 명 이 –
기 쁨 이 –
리 너를 통 해 사 랑 이 – 흘 러 가 리
생 명 이 –
기 쁨 이 –

117
나를 향한 주의 사랑
(I could sing of Your love forever)
Martin Smith
나를향한-주의-사랑 - 산과바다-에넘-치니 - 내마음열때주 님
나에게참 자유주-셨네 - 늘진리속에거-하며 - 나 의손을높이-들고
- 언제나 주님 의사 랑 을 노래 하 리 - 주의사 랑 노래
- 하 리 - 라 - 영원토록 노래 - 하 - 리 라 -
주의사랑노래 - 하 리 - 라 - 영원토록노래
- 하 리 - 라 - 영원토록노래 - 하 리 - 라 -
내가춤 - 을 출때 - 다 비웃겠 - 지만 - - - -

그 들도주- 알 게 되면 - 함께 기뻐 춤 -을 추게
- 되 리 - - - - 영원토록 노래 - 하 - 리 - 라 -

우리 함께 기도해

118

고형원 사·곡

우 리 함께기도 해 주앞에나 - 와 - 무릎꿇고 - 긍
휼 베푸시는 주 하늘을향 - 해 - 두손들고 -
하늘문-이열리고-은 혜의 빗줄기- 이 땅 가득내 리도 록
마침내-주오셔서-의 의 빗줄기 - 우 리 위에부으시도 록

119 예수 가장 귀한 그 이름

(The sweetest name of all)
Tommy Coomes

예수 가장 귀한그-이름   예 수 -언제나 기도들-으사 오
예수 찬양 하기원-하네   예 수 -처음과 나중되-시는오
예수 왕의 왕이되-신주   예 수 -당신의 끝없는-사랑오

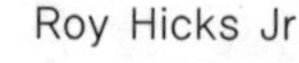

예수 -나의손 잡아주시는 가장 귀한 귀한그-이 름
예수 -날위해 고통당하신 가장 귀한 귀한그-이 름
예수 -목소리 높여찬양해 가장 귀한 귀한그-이 름

120 예수 이름 찬양

(Praise the name of Jesus)
Roy Hicks Jr.
예수이름 찬 양   예수이름 찬 양

내 반석   나의산-성 나의 구원자주 의지하리
예 수 이 름 찬 - - 양

예수님 그의 희생 기억할때 121

(다시한번 / Once Again)

Matt Redman

예수님- 그 의희생 기억할 때 자기몸버려 죽으신주-
이제는- 저 높은곳 에앉으신 하늘과땅의 왕되신주-

나항상- 생 명주신그은혜를마 음에새겨 봅니다 - 마
나이제- 놀 라운구원의은혜- 높이찬양 하리라

음에새겨 봅니다 - 주달리신 십자가를 내가볼때 주
높여찬양 하리라 -

님의자비 내마 음을 겸손케해 주께감사 하 며
내생명주 께드 리네 - 감사드리리
주 의십자가 나 의친구되신 주 주

122 예수님 목마릅니다

(성령의 불로 / Fire of The Holy Spirit)

Scott Brenner

VERSE 1
예 수 님 목 – 마 릅 – 니 다 – –
오 시 어 기 – 름 부 으 소 서 – –
주 님 을 사 – 모 합 – 니 다 – –
오 셔 서 채 – 워 주 – 소 서 – –
CHORUS
성 령 의 – 불 로 – 성 령 의 – 불 로 –
임 하 – – 소 서 – 임 하 – – 소 서 –
성 령 의 – 불 로 – 성 령 의 – 불 로 –

A   E/G#   A   Bsus4
기 름부 - 으 소 서 -   기 름부 - 으 소 서 -

VERSE 2
E   A/E   C#m   E/B
불 같 은 사 - 랑 드 립 니 다 -   -

A   E/G#   F#m7   Bsus4 B
나 의 간 구 - 를 들 으 - 소 서 -   -

E   A/E   C#m   E/B
이 세 상 어 - 느 것 - 보 다 -   -

A   E/G#   F#m7 B   E
주 님 을 의 - 지 합 - 니 다 -   -

123

우리 함께 기뻐해
(Let us rejoice and be glad)

Gery Hansen

E   A²   E   A²
우리함 께 - 기 뻐 - 해   주께 영광 - 돌리 -

F#m7   B   G#m7   C#m7
세   어린 양 의혼 - 인잔 - 치 - 와 - 신부

F#m7   B   E   A/B   E   E/G#
가 준비 - 되었 네 -   할렐루야 전능

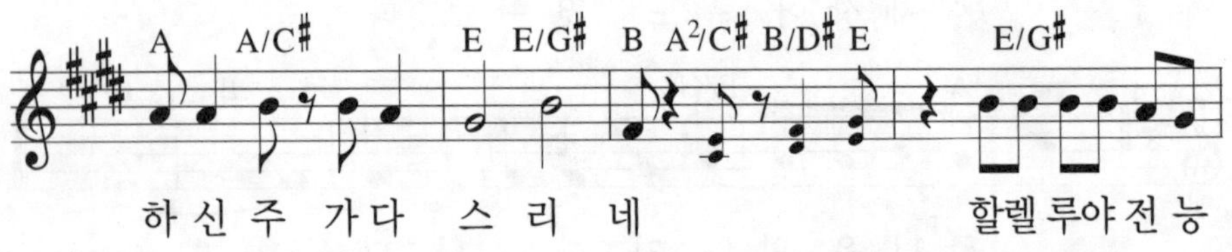

A   A/C#   E   E/G#   B   A²/C# B/D# E   E/G#
하 신 주 가 다 스 리 네   할렐루야전능

A   A/C#   C#m7   B   1. E A B E   2. E
하 신 주 가 다 스 리 - 네   네

우리에게 향하신

124

시 117:2

김진호

E   B⁷   F♯m   B⁷   E   E⁷
우 리 에 게 향 하 신   여 호 와 의 인 자   하 심 이
우 리 에 게 향 하 신   여 호 와 의 진 실   하 심 이
우 리 에 게 향 하 신   여 호 와 의 계 획   하 심 이

A²   E   C♯m/E   F♯m   B⁷   E   E⁷
크 고   크 도 다   크   시 도   다 - -
영 원   영 - 원   하   시 도   다 - -
놀랍 고   놀 랍 다   놀 라 우 시 도   다 - -

A²   E   C♯m/E   F♯m   B⁷   E
크 고   크 도 다   크   시 도   다
영 원   영 - 원   하   시 도   다
놀랍 고   놀 랍 다   놀 라 우 시 도   다

125 위대하고 강하신 주님
(Great and Mighty is the Lord our God)

Mariene Bigley

위대하 –고강하 신 주님– 우리 주하나 님
위대 하–고강하 신 주님– 우리 주하나 님
깃발 을높이들고 흔들며– 왕 께찬양 해
위대 하–고강하 신 주님– 우리 주하나 님 –
위대 하–고 강하 신 주님– 우리 주하나 님

예수님이 좋은걸

이광무 사·곡

예 수 님 이 좋 - 은걸 어 떡 합 - 니 까 -
예 수 님 이 좋 - 은걸 어 떡 합 니 까 -
세 상 의 - 어 떤 것 도 바 꿀 수 - 없 네 -
날 위 해 - 십 자 가 를 지 신 예 - 수 님 -
예 수 님 이 좋 - 은걸 어 떡 합 니 까 -

127 재 대신 화관을
(He gave me beauty for ashes)

Manzano & Whitney

재대신 화관을 내게- 슬픔대신 희락을
근심대신 찬 송의 옷을입히 사우리로
여호와의 심으신- 의의나무되 어 주
께 영광 돌리 라 라

존귀 오 존귀하신 주

(Worthy, O worthy are You Lord)

Mark Kinzer

존귀 오 존-귀하-신 주 - 감사찬양
과-경배-다 받으실주 님
존귀 오 존-귀하-신 주 - 감사찬양
과-경배-다 받으실주 님 - 찬양
할 렐 루-야 보 좌위어 린 양께-우
리 경배 하-며 영 광돌리네 -
할 렐 루-야 우 리왕 께 영-광-주는
승 리의용--사 또만 유 의주 님 -

129

좋으신 하나님
(You are good)

Israel Houghton

좋으-신하나-님 인자-와자비-영원-히--
각 나-라족속-과 백성-방언
세상-모든세-대 영원-토록주 경 배-해-
할 렐루-야 할-렐루-야주 경 배-해-
주하나-님- 주 You are - good You are - good
- All the time - All the time - You are - good -

아버지 내 아버지
(FATHER ME)

Beian Doerksen

아버지 - 내 아버지 - -
주의 - 사 - 랑 - 필요 - 해 - 요 -
나의 - 이 - 름 - 부르 - 소 - 서 -
아버지 - 내 아 버지 -
고아 - 와 - 같 - 이 - 두 지마 - 소 - 서 - 나의
아버 - 지 - 집 - 에 - 날 받 아주 - 소 - 서 -
위로 피 - 난 - 처 - 내영 혼 의치 - - 료 - 자 - 두려
움 에서건지 - 사 - 아버 - 지 - - 집으 - 로 - - 이
끄 소서 - 아버지 - 이 끄소서 -

131 주께 두손 모아
(사랑의 종소리)

김석균
E B7 E
주 께 두손모아비 나니크 신 은총베푸사 밝
주 께 두손모아비 나니크 신 은총베푸사 주
A E F#m B7
아 오는이-아 침을 환 히 비 쳐주소 서 오-
가 예비하신동 산에 항 상 있 게하소 서 오-
E B7 E A/E A B7
주 우리모든 허 물을 보 혈 의피로씻기 어 하-
주 우리맘에 새 빛이 어 두 움밝게하시 어 진-
E A E/B B7 E
나 님사랑 안에서행 복 을-갖게하소 서 서-
리 의말씀 안에서늘 순 종-하게하소 서 서-
B7 E A B7
로 믿음안에 서 서-로 소망가운 데 서-
로 참아주면 서 서-로 감 싸주면 서 서-
E A C#m F#7 B7
로 사랑안에 서 손 잡 고가 는 길 오-
로 사랑하면 서 주 께 로가 는 길
E B7 E B7 E
주 사랑의종 소 리가사-랑 의종소리 가 이

A   A/E E   B⁷   E
시 간우리 모 두-를 감 싸 게하여주소 서

주께서 높은 보좌에

132

김국인

E   F♯m   B⁷   E   A⁹
주 께서 높은 보 좌-에 -   앉 으 셨는- 데 -

E   F♯m   B⁷   E   A⁹
그 옷자락은 성 전 - 에 -   가 득 하 도- 다 -

E   F♯m   B⁷   E   A⁹
천 사 들 이모 여 서 -   서로창화하여 외 치 니

E   F♯m   B⁷   E   A⁹   E   A⁹
그 소 리 는성 전 에 -   가 득 하도- 다 -   -

E   F♯m   B⁷   E   A⁹
거 룩 거 룩 하 - 다   만 군의 여호 와

E   F♯m   B⁷   E
그 - 영광이 온 땅- 에   충 만 하 시 - 도 다

주는 평화

(He is our peace)

Kandela Groves

주 는 평 화 막힌 담을모두허 셨 네
- 주 는 평 화 - 우리의평 화
- 우리의평 화 염 려 다 맡 기 라
- 주가돌보시 니 - 주 는 평 화
- 우리의평 화 화 -

주를 높일지라
(Exalt the Lord our God)

134

Rick Ridings

주 를 높일찌 라 - 여 호와하나 님 그

발 등상 앞 에 서 경 배할 찌 어 다
거 룩하 신 하 나 님 께

찬송하라 여호와의 종들아
(Come bless the Lord)

135

찬 송하라 -(찬 송하라 -)- 여호와의종 들 아(여호와의종들

아)- 주 님 집에 -(주님집에 -)- 서있는 자 들 아(서있는자들

아)-성 소 향 해(성 소 향 해)-손을 들고 서 -(손을 들고 서

-)- 찬 송 하라 -(찬 송하 - 라)- 찬 송 하라 -(찬 송 - 하라)

2. 기뻐 3. 감사 4. 기도

136 크신 주께 영광돌리세

(Great is the Lord)

Robert Ewing

1. 크 신주 께 영광돌리세 하나
2. 여 호와 께 찬양드리세 우리
님의성에 서 그의거룩한 산에서 -
들을지으사 그의자녀삼으 시고 -
터가 높고아름 다와 온 세상의기 쁨
하나님의영광 위해 다 살게하시 니
저북 방에있는 시온산큰 왕의 성일 세
만백 성아나와 하나 님께 찬양 드리 세
Sing 할렐 루야 Sing 할렐루야
Sing 할 렐루야 큰 왕의 성일 세

하나님은 너를 지키시는 자 137

정성실

E E/D# C#m E/B A E/G# F#m B7
하나 님 은 너를 지키 시 는 자 너의 우 편 에 그 늘 되- 시니-
E E/D# C#m E/B A Bsus7 B7 E
낮의 해 와 밤 의 달- 도 너를 해 치 못 하 리 -
E E/D# C#m E/B A E/G# F#m B7
하나 님 은 너를 지키 시 는 자 너의 환 란 을 면 케 하- 시니-
E E/D# C#m E/B A B7 E
그가 너 를 지키시리 라 너의 출 입 을 지키시 리 라
B7 Esus4 E B7 B7/A E/G# G#/D#
눈을 들 어 산을 보아라 너의 도 움 어디 서 오나
C#m A F#m B7 E
천지 지으신 너를 만드신 여 호와께 로- 다

138

해 뜨는데 부터
(From the rising of the sun)

Paul Deming

해 뜨 는 데 부 터 - 해 지 는 데 까 지 - -
주 이 름 찬 양 받 으 리 해 뜨 는 데
할 렐 - 루 야 여호 와의 모든 종들 아
주 이 름 찬 양 해 이제부터 영 원 - 까 지
주 이 름 찬 송 할 지 어 다

흙으로 사람을
139
(From the dust of the earth my God created man)
1. 흙으로 사람을 지으사 그코에 생기를 불어 넣으
2. 갈보리 십자가 흘리신 그피로 영생을 얻게 하-
신 주하나님 - 우리 위해 아들을 세상
신 주예수님 - 나이 제-주위 해 한평
에 보내신 사랑의 주하 나 님을 사랑해 -
생 살아갈 동-안 주 님만 사 랑하리 라 -
나는 하나 님형상 따라 지 음받은 몸이니
이 몸을 주 께바치 리 -
항상 내생 활속에 주를 부 인하지 않으며
내 주 를 섬 기렵니 다 -

140 내일 일은 난 몰라요

안 이 숙

1. 내일 일은 난몰라 요 하루 하 루살아 요
2. 좁은 이 길 진리의 길 주님 가 신그옛 길
3. 만왕 의 왕 예수께 서 이세 상 에오셔 서

불행 이 나 요행함 도 내뜻 대 로못해 요
힘이 들 고 어려워 도 찬송 하 며갑니 다
만백 성 을 구속하 니 참구 주 가되시 네

험한 이 길 가고가 도 끝은 없 고곤해 요
성령 이 이 여그음성 을 항상 들 려주소 서
순교 자 의본을받 아 나의 믿 음지키 고

주님 예 수팔내미 사 내손 잡 아주소 서
내마 음 은정했어 요 변치 말 게하소 서
순교 자 의신앙따 라 이복 음 을전하 세

내일 일 은 난몰라 요 장래 일 도몰라 요
내일 일 은 난몰라 요 장래 일 도몰라 요
불과 같 은 성령이 여 내맘 에 항상계 셔

아버 지 여날붙드 사 평탄 한 길주옵소 서
아버 지 여아버지 여 주신 소 명이루소 서
천국 가 는그날까 지 주여 지 켜주옵소 서

저 성벽을 향해

(Blow the trumpet in Zion)

Craig Terndrup

저 성 벽을향 해 전 진하라 주님이우 리
대장되신 다 저 대장되신다 주 가 명령하 네 강
한 군 사 들 아 주 가 명령하 네 강
한 군 사 들 아 나 팔소 리 시 온 성에
크 게울려 거룩한성 에 나 팔소 리 시 온성에
울 - 려 라 라

142 은혜의 강가로

오 성 주

내 주 의은혜강가 로 저 십 자가의강가 로
내 주 의사랑있는 곳 － 내주의강 가 로
내 주 의사랑있는 곳 － 내주의강 가 로
갈 한나의영혼 을 생수 로 가득채우소 서
피 곤 한내영혼위 에 내 주 의은혜강가 로
저 십 자가의강가 로 내 주 의사랑있는 곳 －
내 주의강 가 로 내 주의강 가 로 －

나 주의 믿음갖고

나 주의 믿음갖고
(I just keep trusting the Lord
John W. Peterson

1. 나 주의 믿음갖고- - 홀로걸어 도 -
2. 내 주는 선한목자- - 나를인도 해 -

나 주의 믿음갖고- - 노래부르 네 -
사 망의 골짜기로- - 다닐지라 도 -

폭풍구름 몰아치고- - 하늘덮어 도 -
주 님께서 나의길을- - 인도하시 니 -

나 주의 믿음갖 고- - 실망치않 네 -
나 주를 따라가 리- - 언제까지 나 -

Fine

주는내 친 구 - 진실한 친 구 -
주는내 목 자 - 선하신 목 자 -

세 상끝 까 지 - 주의지하 리 -
어 디가든 지 - 함께하시 네 -

D.S

144

이날은 이날은

(This is the day)

Les Garret

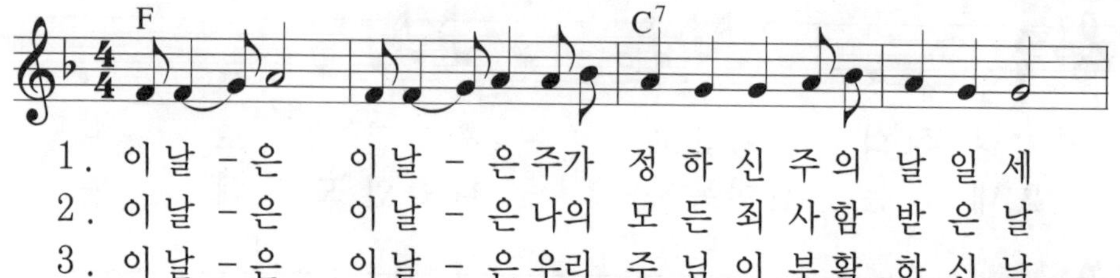
F
C⁷
1. 이날 – 은   이날 – 은 주가 정 하 신 주의 날 일 세
2. 이날 – 은   이날 – 은 나의 모 든 죄 사 함 받 은 날
3. 이날 – 은   이날 – 은 우리 주 님 이 부 활 하 신 날
4. 이날 – 은   이날 – 은 성령 님 께 서 임 하 시 던 날

F   C⁷   F
기뻐 하고   기뻐 하며 즐거 워 하 세 즐거 워 하 세

B♭   F   B♭   F
이날 은 주의   날 일 – 세   기뻐 하고 즐거 워 하 – 세

F   C⁷   F
이날 – 은   이날 – 은 주의 날 일   세

세상 흔들리고
(오직 믿음으로)

고형원

F   C/E   Dm   Dm/C   B♭   F/A   Gm7 C7
세상 흔들리고 - 사람들은변하 - 여 도 나는주를섬 - 기리
믿음 흔들리고 - 사람들주를떠 - 나 도 나는주를섬 - 기리

F   C/E   Dm   Dm/C   B♭   Gm7   C   F
주님의사랑은 - 영원 히변하지 - 않 네 나는주를 신뢰 해
주님의나라는 - 영원 히쇠하지 - 않 네 나는주를 신뢰 해

F   B♭   Gm   Csus4 C7
오 직 믿 음 으 로 - 믿음으로 내가 살 리 라

F   B♭   Gm   C7   F
오 직 믿 음 으 로 - 믿음으로 내가 살 리 라 - -

F   B♭   Gm   Csus4 C7
오 직 의 인 은 - 믿음으로 말미암아 살 리 라

F   B♭   Gm   C7   F
오 직 의 인 은 - 믿음으로 말미암아 살 리 라 - -

146 그때 그 무리들이

(세개의 못)

1. 그 때 그 무리들 이 예수 님 못박았 네
2. 주 여 저 들의죄 를 용서하 여주소 서
3. 비 웃 는 저무리 들 주의 옷 벗긴후 에
4. 주 여 나 의영혼 을 받아 주 시옵소 서

녹 슨 세개 의 그 못으 로 —
주 님 눈물 로 기 도했 네 —
주 님 몸깊 이 찔 렀 네 —
그 때 구원 을 이 루셨 네 —

망 치 소 리내맘 을 울리 면 서들렸 네
귀 중 한 그보배 피 나를 위 해흘렸 네네
귀 중 한 그보배 피 나를 위 해흘렸 네네
마 지 막 피한방 울 나를 위 해흘렸 네

그 피 로내죄 씻 었 네 —
그 피 로내죄 씻 었 네 —
그 피 로내죄 씻 었 네 —
그 피 로내죄 씻 었 네 —

서로 용납하라

(Song of acceptance)

Dale Garratt

서로용납하라 주너를용납함 같이 서로용납하
라 주너를용납함 같이 우리모두하나되어
주하나님아버지께 영광돌려드리세 서로용납하라
주 님 하신대로주 님 하신대-로서 로용납 하-여 라-

148 나의 모습 나의 소유

(I offer my life)

Chaine Cloninger & Don Moen

나의모습- 나의소유- 주님앞에-모두드-립니다-
어제일과- 내일일도- 꿈과희망-모두드-립니다-
모든 아픔- 모든기쁨- 내 모든 눈물- 받아 -주소서
모든 소망- 모든계획- 내 손과 마음- 받아 -주소서
- 나의 생명을드 -리니 주영광위 -하여-
사용하옵소서 내 가사는날동 -안에 주를찬양 -하며-
기쁨의제물 되리 - 나를받아주소 - 서
서 - 우리가진 - 이 모든 것들 -을 다

Bbm9 Eb Cm7 Fm Bbm9 Eb
주께서 우리에게 주시었네 - 몸밖에 드릴것이

Cm7 Eb/F F Bbm7 Ab/C Bb/C 3. F Fine
D.S
- 없으니 내 삶을 받아주소 서 서 -

거룩하신 하나님

(Holiness unto the Lord)

149

Sheila Uselton

F C/E C2/E C/E Bb/D F/C Csus4 C
거 룩하신하나 님 거 룩하신하나 님 -

F C/E C2/E C/E Bb/D F/C C7 F
거 룩하신하나 님 거 룩 하신나의 하 나 님

C7 F/C C F/C Bb/C F/C C7 C/E F Bb/C F
의 로우-신 주 하나-님 신 실하-신 아 버지

C7 C7/E F F/E Dm7 F/C Bb F/A Gm7 Gm7/Bb F/C C7 F
모 든만물을 다 스리시는 거룩하-신- 하나님

150 내 감은 눈안에
(전 부)

최경아 사, 유상렬 곡

내 감은 - 눈 안에 이미 들어와- 계신
예수님- 나보다- 앞서 나-를- 찾아 주시
네 내 뻗은 두손 위로 자비 하심을- 내어
주시니- 언제나- 먼저 나-를- 위로 -하시
네 내 노래- 가운데 함께 즐거워
하시는- 늘- 나의- 기쁨이 되시네
- 수많은- 사람중에- 나를 택해잡

으시고- 눈물 거두어- 빛살 가루 채우시 니
- 그 분은- 내 자랑나 의 기 쁨 나
의 노 래- 나 의 전 부 되 시-네 -

주의 이름 송축하리라   151
(Blessed be the name of the Lord)

Don Moen

주의이름 송축하 리 라 찬양 영광받으실 그이 름
주께 거룩한손높이 들고 서 찬양 주님의이름-
송 축하 리라 - 주의이름- - -찬양 해

152 힘들고 지쳐
(너는 내 아들이라)

이재왕 사 · 이은수 곡

힘들고지 - 쳐 낙망 하고넘 -어져- 일어 날힘전혀 없-을때 -에-
조- 용히다 가와- 손 잡아주시며- 나- 에게 말씀하시네 -
나에 게실망하 -며 -내 자신연 -약해- 고통 속에 눈물흘- 릴때 - 에-
못자 국난그 손길- 눈물 닦아 주시며- 나- 에게 말씀 하-시네 -
너 는내아들 -이 라 오 늘날 내가 - 너를낳았 도다 -
너 는내아들 -이 라 나의 사랑 하는내 아들이라 -
언제나 변 함없-이 - 너 는내 아들이라 - 나의
십자가 고통 - 해산 의 그고통으로- 내가 너 를 낳았으니 -
Fine
D.S

마음이 상한 자를

(You binds the broken-hearted)

Stacy Swalley

마 음이상 - 한자 - 를 고 치 시는 - 주님 -
성 령으로 - 채우 - 사 주 보 게하 - 소서 -
하늘의 - 아버 - 지 - 날 주관하 - 소서 - - 주
주의임 - 재속 - 에 은혜 알게하 - 소서 - - 주
의 길로 - 인도 - 하사 자 유케하 - 소서 -
뜻 대로 - 살아 - 가리 세 상끝날 - 까지 -
새 일을 행하 - 사 부흥 케 - 하 - 소서 - 의에
나 를빛 으시 - 고 새날 열 - 어주소서 -
주 리고 - 목이마 르니 - 성 령의 - 기름
- 부으 - 소 서 의에 주 리고 - 목이
마 르니 - 내잔을 - 채워 - 주소서

154
사람을 보며 세상을 볼땐
(만족함이 없었네)
최영택

사람을 보며 세상을볼땐 만족함이없었 네
나의하나님 그분을뵐땐 나는만족하 였 네
1. 저기빛나는 태양을보라 - 또 저기서있는 산을보아라
천지지으신 우리여호와 나를사랑하 시 니
나의하나님 한분만으로 나는만족하 겠 네
2. 동남풍아 불어라 서북풍아 불어라
가시밭에백합화 예수향기날리니 할렐루야아 - 멘
가시밭에백합화 예수향기날리니 할렐루야아 - 멘

반드시 내가 너를 축복 155

박 이 순
반 드 시 내 가 너를 축복 하 리 라   반 드 시 내 가 너를 들어 쓰 리 라
1. 천 지 는 변 해 도 나의 약속 은   영 원 히 변 치 않 으 리   두 려
2. 세 상 의 소 망 이 사라 졌 어 도   온 전 히 나 를 믿 으 라
워 말 라 강 하 고 담 대 하 라   낙 심 하 며 실 망 치 말 라
                              인 내 하 며 부 르 짖 으 라
낙 심 하 며 실 망 치 말 라 실 망 치 말 라 -
인 내 하 며 부 르 짖 으 라 부 르 짖 으 라 -
네 소 원 이 루 는 날 속 히 오 리 니 내 게 영 광 돌 리 리
영 광 의 그 날 이 속 히 오 리 니 내 게 찬 양 하 리 라
네 소 원 이 루 는 날 속 히 오 리 니 내 게 영 광 돌 리 리
영 광 의 그 날 이 속 히 오 리 니 내 게 찬 양 하 리 라

156

삶의 작은 일에도
(소 원)

한웅재
삶의작-은일-에도 - 그맘을알- 기원-하네 - 그길-
그 좁은길- 로가-기원-해 나의작-음을 -알고 -그분의크
-심을- 알며 - 소망- 그 깊은길-로가-기원 -하네 -
저 높이솟-은산-이되- 기보 -다 여기 오름직- 한동
-산이- 되길 - 내 가는길-만비-추기-보다 -는 누군
가의길- 을비-춰준 -다면 - 내가노-래하-듯이 - 또
내가애- 기하-듯이 - 살길- 난 그렇게 -죽기- 원하- 네

F   Cadd2/E   Dm   F/C   B♭add2   F/A
삶의한- 절이-라도 - 그 분을닮-기원-하네 - 사랑 - 그
Gm   B♭add2   C   F
1. 높은 길 - 로가 - 기원 - 하네 -
2. 좁은 길 - 로가 - 기원 - 하네 -
3. 깊은 길 - 로가 - 기원 - 하네 -

아버지 사랑합니다

(Father, I Love You)

157

Scott Brenner

F   Fmaj7 B♭   Gm   C   C7 F   C/E
아 버 지 - 사 랑 합 니 다 -   아 버 지 - 경 배 합 니 다 -
예 수 님 - 사 랑 합 니 다 -   예 수 님 - 경 배 합 니 다 -
성 령 님 - 사 랑 합 니 다 -   성 령 님 - 경 배 합 니 다 -

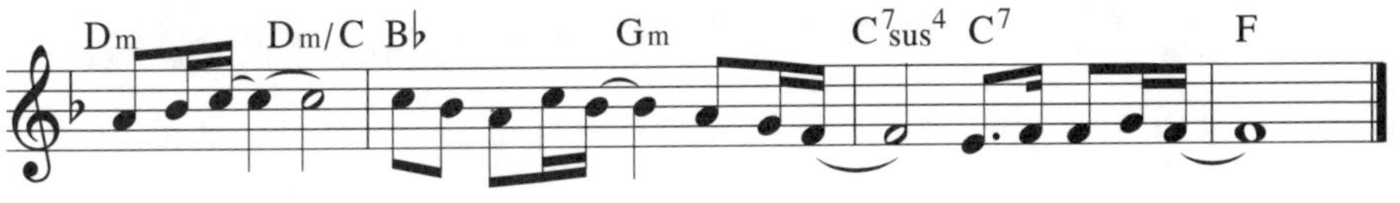

Dm   Dm/C B♭   Gm   C7sus4 C7   F
아 버 지 - 채 워 주 소 서 - 당 신 의 - 축 복 -으 로 -
예 수 님 - 채 워 주 소 서 - 당 신 의 - 사 랑 -으 로 -
성 령 님 - 채 워 주 소 서 - 당 신 의 - 능 력 -으 로 -

158 주님 손에 맡겨 드리리

(전심으로 / With All I am)

Reuben Morgan

주님 손에— — 맡겨드—리리 — 나 의—삶
주와 함께— — 걸 어가리— —라 — 모 든 길—을
— 주 님 께— — 주님 손이 — — 나의삶 붙드—네
— 주 신 뢰—해 주 뜻 안에 — — 나—살 아가—리
— 나 주 의—것 — 영 원 히— — —
— 주 의 약 속—은 — 영 원 해— — —
내가믿—는분 — 예수 — 내가속—한분 — 예수
Last to Coda
— 삶의 이유되—시네— —내 노래되—시네 — —전심—으로 —
Instrumental
cue vox on rpt.
— 내가믿—는분 — —전심—으로 로
경 배하

Dsus4 D   D2   Em   Asus4 A
- 리 - - - 경배하 - 리 - 라 - - 경 배 하

Dsus4 D   A/C#   G/B   Asus4 A
- 리 - - - 경배하 - 리 - 라 - - 경 배 하

Dsus4 D   A/C#   G/B   Asus4 A   D al Coda
- 리 - - - - 경배하 - 리 - 라 - 내가믿-는분

Asus4 A   D   A/C#   G/B   A
- - 전심-으- 로   경 배 하

Dsus4 D   A/C#   G/B   A   RPT x 2 al Fine
- 리 - - - 경배하 - 리 - 라 - - 경 배 하

159
우리는 주의 백성이오니
(We are Your people)
벧전 2:9-10
D. Fellingham
우리는 주 의 - 백성이-오니 -
- 주의그 큰 이름 - 선포합-니다. -
- 이곳어두운 세 상에 - 빛으 로부 르셨
네 - 주의얼 굴 구 할때
- 역사하 소 서 - 교 회 를 세
우 시 고 - 이 땅 고쳐주소
서 - 주 님 나 라 임 -하
시 고 주 뜻 이뤄지이 다 -

주 말씀 내 발의 등이요 160
(The word)
Amy Grant & Michael W. Smith
F   F/A   C   C/E   F   F/A   Bb/D   C/E
주 - - 말 씀 내 발 - 의 등 - 이 요 - 나 의 - 길 에 빛 이
F   Bb/D   C/E   F   F/A   C   C/E   F   F/A
라   주 - - 말 씀 내 발 - 의 등 - 이 요 - 나 의 -
Bb/D   Bb   C/E   C   1.2.F   C   Gm
길 에 빛 이 라   길 을 잃 - 고 - 서 - 나 -
잇 을 수 - 없 - 네 - 그 -
Dm   Am   Bb   C   Bb/F   F
두 려 울 - 때 - 도 - 나 주 님 항 상 내 곁 - - - 에
영 원 한 - 사 - 랑 - 나 의 맘 방 황 하 여 - - - 도
C   Gm   Dm   Am   Bb   C
주 님 계 - 시 - 니 - 두 려 움 - 없 - 네 - 주 나 와 함 께
나 를 붙 - 드 - 사 - 인 도 하 - 소 - 서 - 주 사 랑 하 리
C/D   D   Gm7/C   C7sus   3. F
하 소 서   라
영 원 히

161 주님과 담대히 나아가

(The victory song)

Dale Garratt

Dm
A7
Dm
주님 과 -담대히 나아가 원수 를 - 완전히 밟아이 겨승리

Dm
A7
1. Dm
를 - 외치며 찬양하세 - 그리스도 나의 왕 승

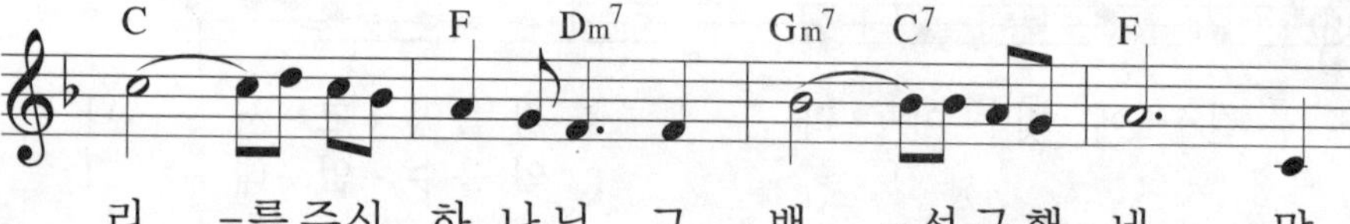
C
F
Dm7
Gm7
C7
F
리 -를주신 하 나님 그 백 -성구했 네 말

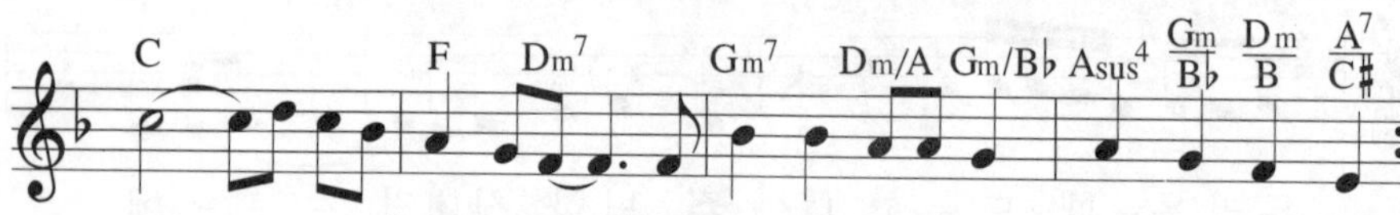
C
F
Dm7
Gm7
Dm/A Gm/B♭ Asus4
Gm/B♭ Dm/B A7/C#
씀 -으로무 찌 르니- 온세 상 일어나 보리주 님

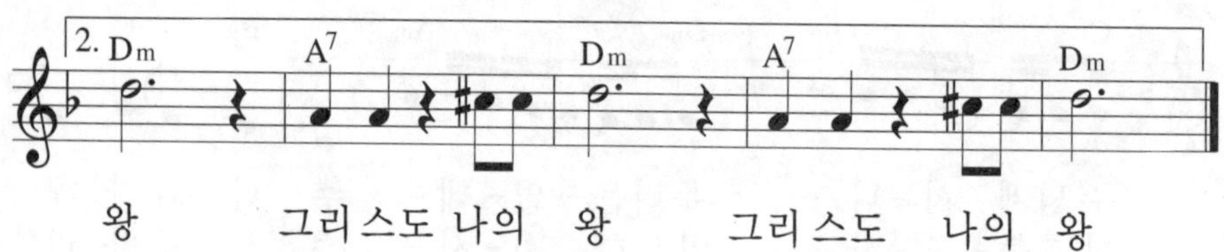
2. Dm
A7
Dm
A7
Dm
왕 그리스도 나의 왕 그리스도 나의 왕

주님만 사랑하리

(It is you)

Pete Sanchez Jr.

주님만 주님만 주님만사랑하리 나의
왕 나의주님 주님을 더욱 알기원해
나 주님께 오직 주께 경배하네
거룩 거룩 존귀존귀 하신주
사랑합니다 -

163

주를 찬양하며
(I just want to praise You)

Arthur Tannous

주 – 를찬양 하 – 며 나 – 이제고
손 – 을높이 들 – 고
백 하는말 주 – 를사랑 합니다 나
오
의 – 모든것 되 신주님 께 –
거 – 룩하신
주 의이름 거 – 룩하신 주 의이름
주 – 의이름 높 이올리 세 –

피난처 되신 주
(You are my hiding place)

Michael Lender

Dm   Gm7   C   Fmaj7
피 난 처 되 신 주   구 원 의 노 래 로 내
Bbmaj7   Gm7   Asus   A   G/A A7
맘 채 워 주 시 네 두 려 움 있 을 때 주 를 의 지
Dm   Gm7   C   Fmaj7
Fine
해   주 를 의 지 해   내 가 약 할
Bb   Dm/A Gm7   Asus   A7
때 강 함 주 시 는 나 의 주

165 하나님은 너를 만드신분

(그의 생각 / 요엘에게)

조 준 모

하나- 님은- 너를 만드신--분- 너를 가장많--이- 알고
하나- 님은- 너를 원하시-는분- 이- 세상그-무엇- 그누

계시며- 하나- 님은- 너를 만드신--분- 너를
구보다- 하나- 님은- 너를 원하시-는분- 너와

가장깊--이- 이해하 신단다- 하나- 님은- 너를
같이있--고- 싶어하 신단다- 하나- 님은- 너를

지키시-는분- 너를 절대포--기- 하지 않으며- 하나-
인도하-는분- 광- 야-에-서도- 폭풍 중에도- 하나-

님은- 너를 지키시-는분- 너를 쉬-지-않고- 지켜보
님은- 너를 인도하-는분- 푸른 초-장-으로- 인도하

F   F⁷   B♭   C/B♭   Am   Dm   Gm   C
신단다-   그의 생각- 셀수 없고- 그의 자비- 무궁하
신단다-
F   B♭   C/B♭   Am   Dm   Gm   C   F
며   그의 성실- 날마다 새롭 고- 그의사랑 끝이 없단 다

형제의 모습 속에 166

박정관

F   C/B♭   B♭   Gm⁷   F/C   C⁷
형제 의모습속에 보이는   하나 님형상아름 다 워- 라
우리의모임중에 임하신   하나 님영광아름 다 워- 라

Am   Am/C   Dm   Gm⁷/C   C⁷   F
존 귀한 주의 자녀 됐 으니 사랑 하며 섬 기 리
존 귀한 왕이 여기 계 시니 사랑 하며 섬 기 리

167 하늘의 나는 새도

(주 말씀 향하여 / I will run to You)

Darlene Zschec

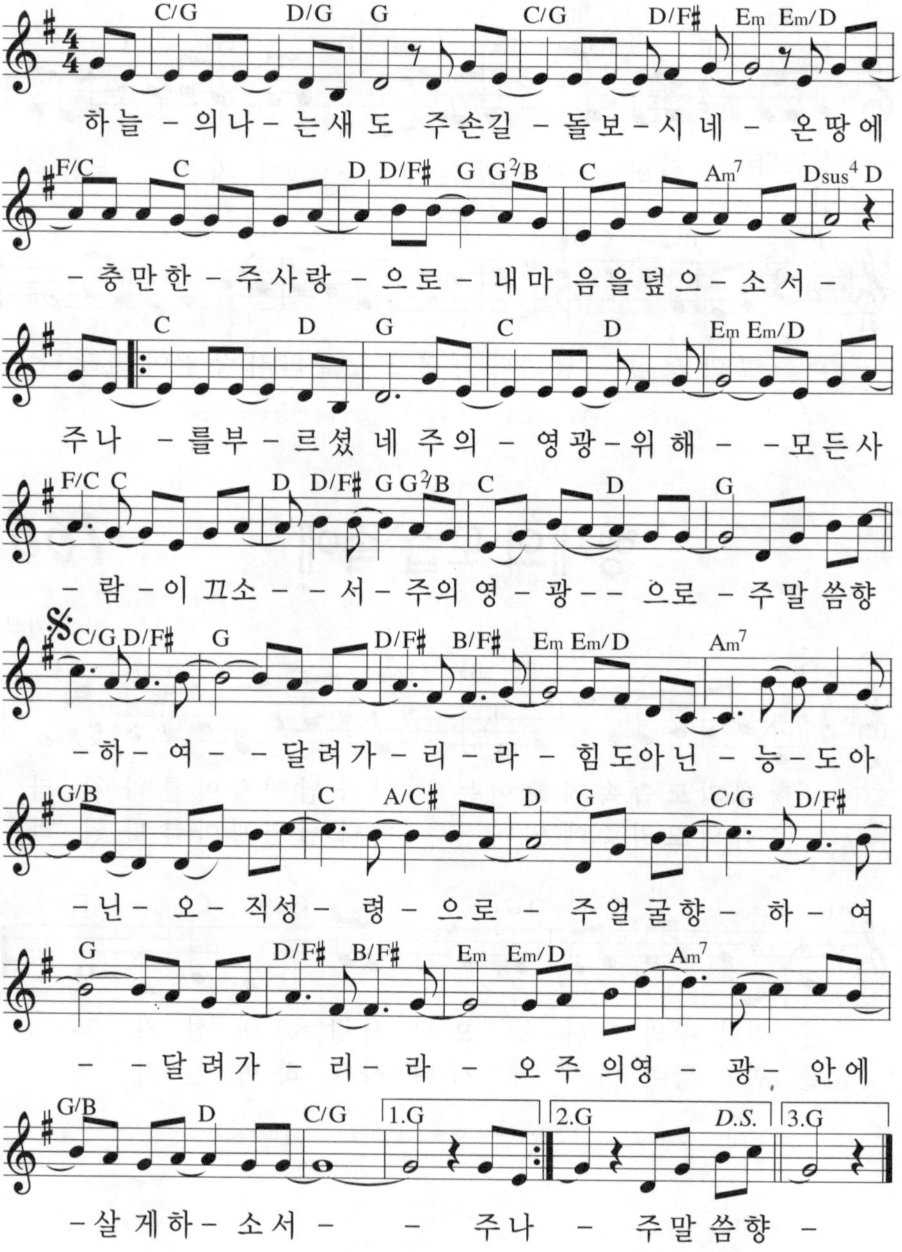

C/G D/G G C/G D/F♯ Em Em/D
하늘 - 의나 - 는새 도 주손길 - 돌보 - 시 네 - 온땅에
F/C C D D/F♯ G G2/B C Am7 Dsus4 D
- 충만한 - 주사랑 - 으로 - 내마 음을덮으 - 소 서 -
C D G C D Em Em/D
주나 - 를부 - 르셨 네 주의 - 영광 - 위해 - - 모든사
F/C C D D/F♯ G G2/B C D G
- 람 - 이 끄소 - - 서 - 주의 영 - 광 - - 으로 - 주말 씀향
C/G D/F♯ G D/F♯ B/F♯ Em Em/D Am7
- 하 - 여 - - 달려가 - 리 - 라 - 힘도아닌 - 능 - 도아
G/B C A/C♯ D G C/G D/F♯
- 닌 - 오 - 직성 - 령 - 으로 - 주얼굴향 - 하 - 여
G D/F♯ B/F♯ Em Em/D Am7
- - 달 려가 - 리 - 라 - 오 주 의영 - 광 - 안에
G/B D C/G 1.G 2.G D.S. 3.G
- 살 게하 - 소 서 - - 주나 - 주말 씀향 -

경배하리 주 하나님

(I worship You, Almighty God)

Sondrn Corbett

경 배 하 리 주 하 나 님   전 능 하 신
주   경 배 하 리 평 화 의 - 왕
주 를 사 랑 합 니 다 찬 양 하 세
- 누 가 주 와 같 으 리 - 경
배 하 리 주 하 나 - 님   전 능 하 신 주

169 그리 아니하실지라도

안성진
1. 그 리 - 아니하실지라 도 감사해
2. 그 리 - 아니하실지라 도 사랑해
요 주님뜻을 믿기때문이죠 -
요 합력해서 선을이루어요 -
언 제나 나를향-한 신실한사랑 -
우리를향한 그크신사랑 -
우 리가 함께높이며 주를찬양해 -
할렐루야 하나님께영광 - -

기도하자 우리 마음 합하여 170

Maori Tune
1. 기 도 하 자 우 리 마 음 합 하 여 － －
2. 찬 송 하 자 우 리 모 두 주 님 께 － －
3. 걸 어 가 자 하 늘 영 광 저 문 을 － －
4. 바 라 보 자 주 님 계 신 천 국 을 － －
기 도 하 자 우 리 마 음 합 하 여 － －
찬 송 하 자 우 리 모 두 주 님 께 － －
걸 어 가 자 하 늘 영 광 저 문 을 － －
바 라 보 자 주 님 계 신 천 국 을 － －
할 렐 루 야 아 －멘－ 할 렐 루 야 아 －멘－
기 도 하 자 우 리 마 음 합 하 여 － －
찬 송 하 자 우 리 모 두 주 님 께 － －
걸 어 가 자 하 늘 영 광 저 문 을 － －
바 라 보 자 주 님 계 신 천 국 을 － －

171 기도할 수 있는데

고 광 삼 사·곡

기도 할 수 있는 데 왜- 걱 정 하 십 니 까
할 수 있는 데 왜- 실 망 하 십 니 까
기도 하 면서 왜 -염 려 하 십 니 까 기도
기도 하 면서 왜 -염 려 하 십 니 까
주 님 앞 에 무릎 꿇 고 간 구 해 보 세 요
마 음 을 정 결 하 게 뜻 을 다 하 여
기 도 할 수 있 는 데 왜- 걱 정 하 십 니 까
기 도 하 면 서 왜 -염 려 하 십 니 까

기뻐하며 왕께 노래부르리 172
(Shout for joy and sing)

David Fellingham

기 뻐 하 며 왕 께 노 래 부 르 리 - 소 리
높 여 할 렐 루 야 부 르 리 - 주 님
앞 에 나 와 찬 양 드 리 며 - 우 리
주 님 과 함 - 께 기 뻐 하 리 라 - 나 의 창 조
- 자 나 의 구 원 - 자 가 장 귀 한
나 의 예 수 님 - 찬 양 합 니 - 다 나 의 치 료
- 자 나 의 선 한 목 자 되 - 신 주 - 예 수
나 의 주 찬 양 하 리 -

173 나 기뻐하리
(I will rejoice)

Brent Chambers

나 기뻐하리 - 나 기뻐하리 -
나 기뻐하리 -나주안-에-서-기뻐하-리-라 -
-기뻐하-리-라 - 1.원 수가나를-무너뜨
2.환 경에지배-를받지
-리 려고 내 마음에속-삭-였-
-않 고- 내 팔의힘과-목-소-
네 내 영이깨어-넘어 지지않고 나의
리 느 끼는감정-과상 관없이- 내마
믿음의고- 백이 원수를-묶 네 -
음기뻐하- 기로 결심을-했 네 -

우리 주의 성령이

(When the spirit of the Lord)

174

작자 미상

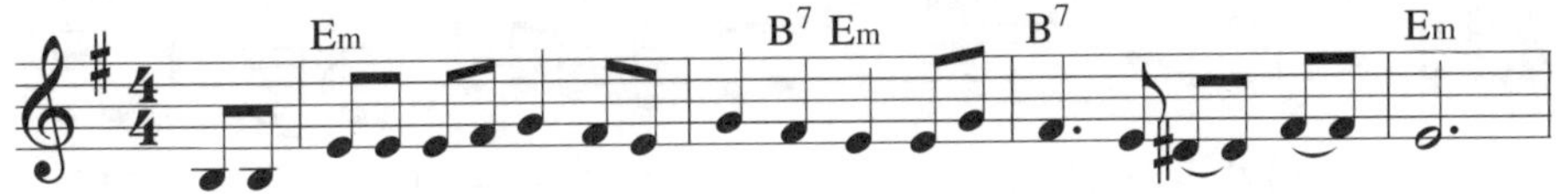

Em   B⁷ Em   B⁷   Em
1. 우리 주의 성령이 내게 임 하 여주를 찬 양합- 니- 다
2. 우리 주의 성령이 내게 임 하 여손뼉 치 며찬양 합니 다
3. 우리 주의 성령이 내게 임 하 여소리 높 여찬양 합니 다
4. 우리 주의 성령이 내게 임 하 여춤을 추 며찬양 합니 다

B⁷ Em   B⁷   Em
우리 주의성령이 내게 임 하 여주를 찬 양합- 니- 다
우리 주의성령이 내게 임 하 여손뼉 치 며찬양합니 다
우리 주의성령이 내게 임 하 여소리 높 여찬양합니 다
우리 주의성령이 내게 임 하 여춤을 추 며찬양합니 다

Am   Em   B⁷   Em
찬양 합 니다 찬양 합 니다 주를 찬 양합니 다
손뼉 치 면서 손뼉 치 면서 주를 찬 양합니 다
소리 높 여서 소리 높 여서 주를 찬 양합니 다
춤을 추 면서 춤을 추 면서 주를 찬 양합니 다

Am   Em   B⁷   Em
찬양 합 니다 찬양 합 니다 주를 찬 양합니 다
손뼉 치 면서 손뼉 치 면서 주를 찬 양합니 다
소리 높 여서 소리 높 여서 주를 찬 양합니 다
춤을 추 면서 춤을 추 면서 주를 찬 양합니 다

175

나의 가는 길

(God will make a way)

Don Moen

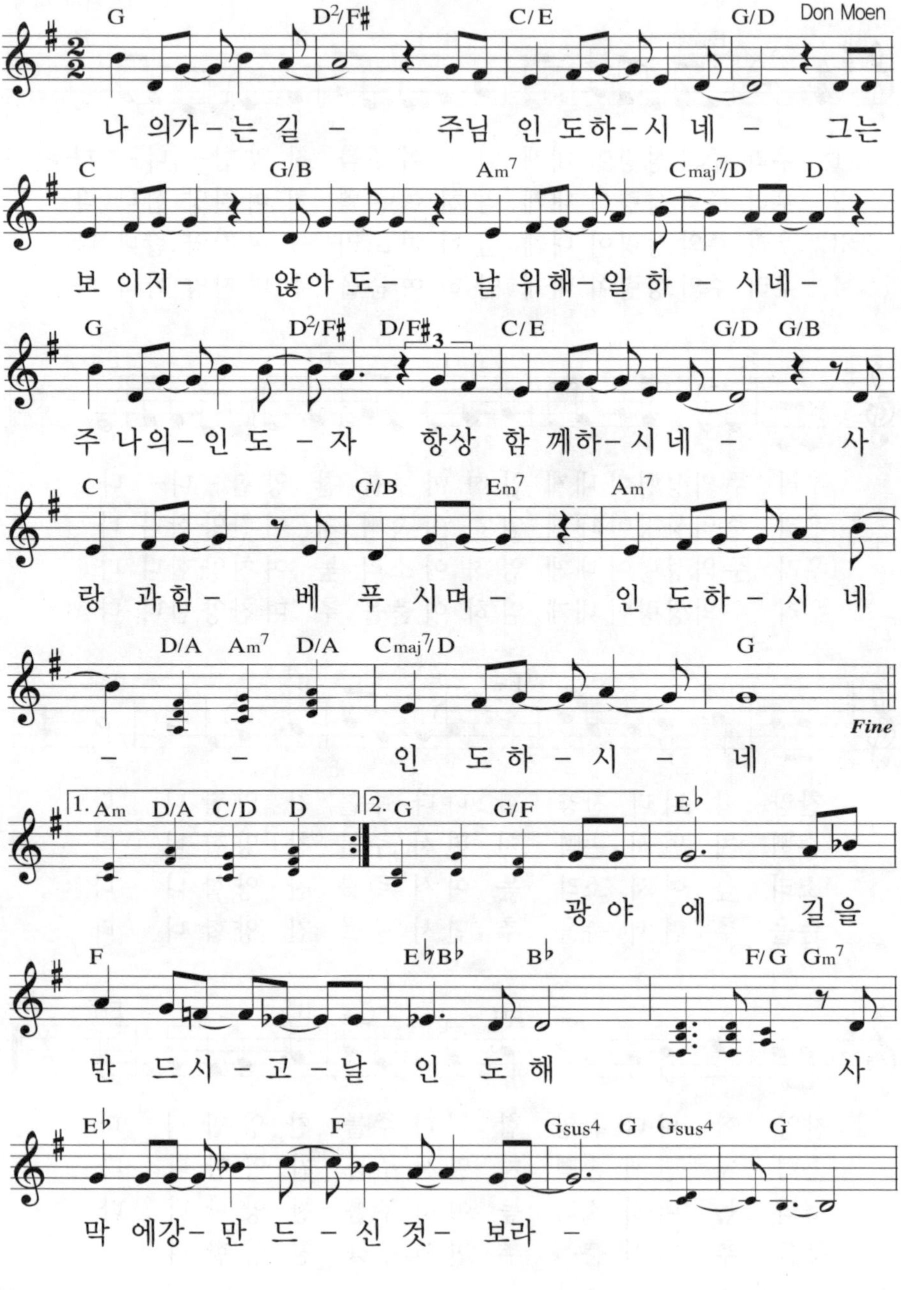
G D2/F# C/E G/D
나 의가 - 는 길 - 주님 인 도하 - 시 네 - 그는
C G/B Am7 Cmaj7/D D
보 이지 - 않아 도 - 날 위해 - 일 하 - 시네 -
G D2/F# D/F# 3 C/E G/D G/B
주 나의 - 인 도 - 자 항상 함 께하 - 시 네 - 사
C G/B Em7 Am7
랑 과힘 - 베 푸 시며 - 인 도하 - 시 네
D/A Am7 D/A Cmaj7/D G
- - 인 도하 - 시 - 네
Fine
1. Am D/A C/D D 2. G G/F E♭
광 야 에 길을
F E♭B♭ B♭ F/G Gm7
만 드시 - 고 - 날 인 도해 사
E♭ F Gsus4 G Gsus4 G
막 에강 - 만 드 - 신 것 - 보라 -

C D/C Bm B/D♯ Em
하늘과땅-변 해 -도 주의 말씀영-원히 - 내
C D Bsus4/E E B7sus/F♯
삶 속에- 새 일을행- 하리 - - D.C.

온 땅이여 주를 찬양 176

(Sing to the Lord)

Miles and Karl Kahaloa

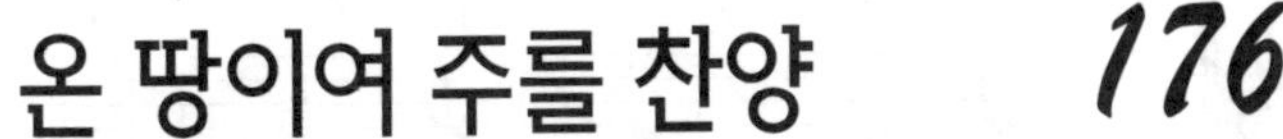

Em B7 Em
온 땅이여 주를 찬양 - 날마 다주를찬 양하 세- - 주
B7 Em Fine
의 기사와 주의 영광 - 온땅 에 널리알 려졌 네
Am D7 G B7 Em
위 대 하신 주 그의힘 과- 위 엄을기
Am D7 G Em C B7 D.S.
뻐 하 - 라 주의다스 리-심-을

177
나의 사랑 나의 생명
(나의 예수님)
최 대 성

나의사랑 나의생명 나의예수님 -
영원토록 정성다해 사랑합니다 -
나의 힘 되신 여호와여 내가 사 - 랑 합니다
영원토록 정성다해 사랑합니다 -
영 원 토 - 록 정성다 - 해 사 - 랑합니 다 -
D.S.

난 영원히 노래하리

(해피송 / The happy song)

Martin Smith

난 영원히노 래하리 주날구했네 난
천 리길을 춤 추리주 의사랑으 로
내 맘이벅-차 네 큰일행하셨-기 에 내 삶을바-꾸 시 고
죄사 하셨 - 네 난 크게 외치리 목소리높-여 서
날 향한주-의 사랑 나는 이제 아 네 모든사람찬양해-
- 행복-하 니 까 모든 사람 춤추네- -
행복-하 니까 주의 얼굴 볼때에- 주의 미소 가득해-
모든 천사 찬양해- 기쁨 이곳 에- 난

179
날 위해 이 땅에 오신
심형진 사·곡
날 위 해 이땅에 - 오신 - 주님 -
십 자 가 지신놀 - 라운 - 사랑 -
그 영광 광채가 - 온 땅에 가득 - 하네
세 상 을 대 신해 - 죽으 - 셨네 -
모든 이름 보다 뛰어 - 난 - 주님 -
그 앞에 경배 하리 - - 영광의
주 이름 영원히 높 이리 영광의 주님만
내 삶의 참 이유 참 이 - - 유 - -

낮엔 해처럼 밤엔 달처럼 180

최용덕

G   G7   C   Am7   G   Em   Am/D   D7
1. 낮 엔해처럼   밤 엔달 처럼 그렇 게   살 순없을 까 -
2. 예 수님처럼   바 - 울처럼 그렇 게   살 순없을 까 -

G   G7   C   G   D7   G   C/D
욕 심도없이 어둔세 상비추 어온전히 남을위 해살듯이 -
남 을위하여 당신들의온몸을온전히 버리셨 던것처럼 -

G   G7   C   Am7   G   Em   Am/D   D7
나 의일생에   꿈 이있다 면 이땅 에빛과소금 되 어 -
주 의사랑은   베 푸는사 랑 값없 이거저주는사 랑 -

G   G7   C   Am7   G   Em   D sus4   D7
가 난한영 혼   지친영 혼을 주님 께인도 하고픈 데 -
그 러나나 는   주 는것보 다 받는 것더욱좋아하 니 -

G   G7   C   Am7   G   Em   Am/D D7
나 의욕심 이 나의못 난 자아 가언제 나 - 커다란짐되어 -
나 의입술 은 주님닮 은 듯하 나내맘 은 - 아직도추하여 -

G   G7   C   Am7   G   D7   G
나 를짓눌 러 맘을곤고 케하니 예수여 나 를도와주소서 -
받 을사랑 만 계수하고 있으니 예수여 나 를도와주소서 -

내 눈 주의 영광을 보네
(모든 열방 주 볼 때가지)

고 형 원

G   D   C   GC/G G   D/F#   Em G-D
내 눈 주의 영광 을 보네   우리가운데-계신주   님

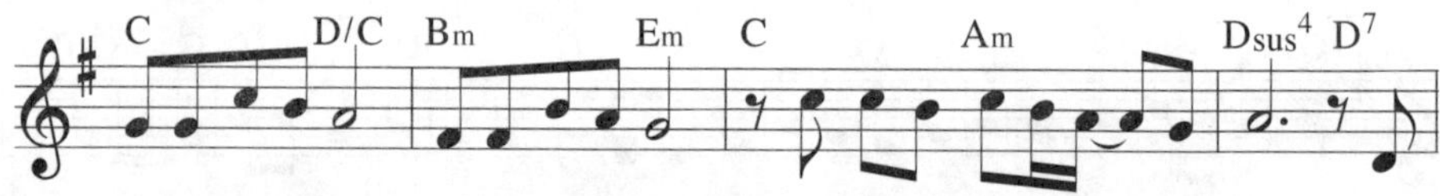
C   D/C Bm   Em   C   Am   Dsus4 D7
그 빛 난영광   온하 늘덮고   그찬송 온땅가-득 해   내

G   D/G   C/G   G C/G G   D/F#   Em
눈 주의 영광 을 보네   찬송가운데- 서신주 님   -주

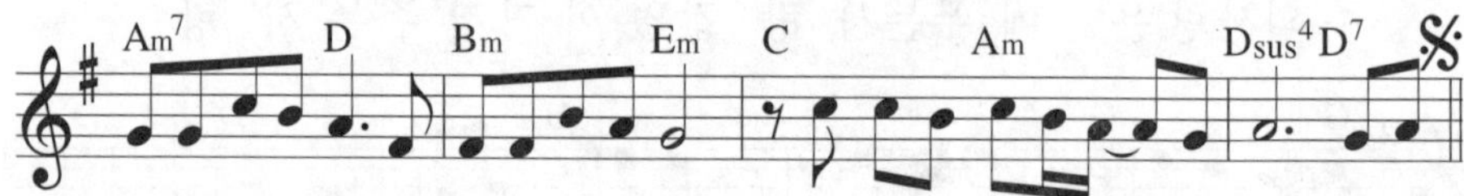
Am7   D   Bm   Em   C   Am   Dsus4 D7
님의 얼굴 은온 세상 향하 네   권 능의 팔을드-셨 네   주의

G   D/F#   C C/D D7   G   Bm   Am
영광 이곳에 -가득 해   우린 서네 주님과 함 께---

D7   G   D/F#   Em   Dm7 G/B C   D7
-찬양하 며 우 리는 전진 하 -리-   모든열 -방 주볼때 까

C/G Fine G/F Eb F 3 Bb
지 하늘 아버지 - 우릴 새롭게 하 사 - 열방
Eb F 3 Bb Bb/D Eb F/Eb
중 에서 - 주를 섬기게 하소서 - 모든 나라일 어나 -
Dm7 Gm Gm7 Am7 Dsus4 D7
D.S al Fine
찬 송부르며 - - 영광의 주님을 - 보 게하 - 소 서 주의

182 내 모든 삶의 행동 주안에

(Every move I make)

David Ruis

내 모든 삶의 행동 주안에 - 주님 안 - 에 있네 나의 숨쉬는 순간들 도

내 모든 삶의 걸음 주안 에내 길도 - 주안 에 나 의숨쉬는순간들도

라 라라라 - 라라   라 라라라 - 라라   자 비 와 은 혜 의 물 결

어 디서 나주 -   얼굴 - 보네 -   주 사 랑 날 붙 드 네

오 놀 라 운 주 - 님 의 사   랑 -

내 손을 주께 높이 듭니다   183
(찬송의 옷을 주셨네)

박미례·이정승

G   Em   C   Am   D7
내 손을주께높이 듭니다내 찬양받으실 주 님

G   Em   Am   D7   G
Fine
내 맘을주께활짝 엽니다내 찬양받으실 주 님

G   B7   Em   G7/D   C   Am   D7
슬픔대신희락 을 - 재 대신화관 을

G   B7   Em   Am   D7   G
D.C
근 심 대신찬송 을 - 찬 송의 옷을 주셨 네 -

184 내 영혼의 구세주

(Saviour of my soul)

Kathryn Kublman

1. 내영혼 의 구 세 주 - - - - - 내
2. 나의 생 명 되 신 주 - - - - - 내
예 수 내 구 - - - 주 내영혼 의 구 세
예 수 내 구 - - - 주 나의 생 명 되 신
주 - - - - 그는 나 의 구 세 주 -
주 - - - - 그는 나 의 구 세 주 -
예 수 예 수 예 수
예 수 - 내영혼 의 구 세 주 - - -
예 수 - 내영혼 의 구 세 주 - - -
- 그는 내 의 구 세 주 -

나 주님의 기쁨되기 원하네

(To be pleasing You)

Teresa Muller

1. 나주님- 의기쁨되-기원 -하네-   내 마음을- 새롭-게하소-
2. 겸손히- 내마음드-립니 --다-   - 나의모- 든것-받으소-

서 - -   새부대- 가되-게하- 여주 --사-   주
서 - -   나의맘- 깨끗-케씻- 어주 --사-   주

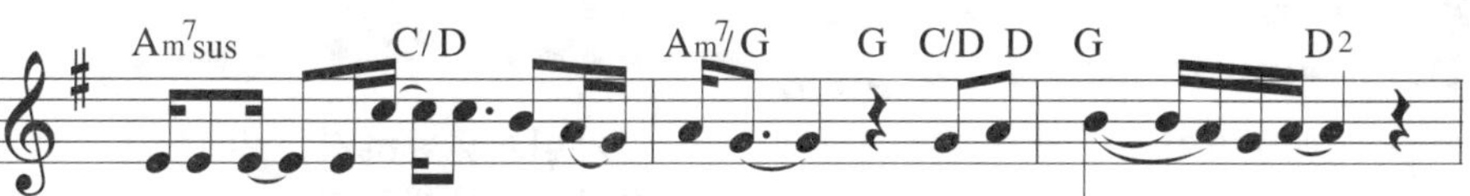

님의빛- 비추-게 하소- 서 - -   내가 원 --하는-
의길로- 행하-게 하소- 서 - -

한 --가지-   주님의- 기쁨이되는것 -   내가

원 --하는-   한 가-지--   주님의-기- 쁨이되는것 -

186 내가 먼저 손내밀지 못하고
(오늘 나는)

G   C   D
1. 내가먼저손내밀지 못 하고-   내가 먼저용서하지 못- 하고-
2. 내가먼저섬겨주지 못 하고-   내가 먼저이해하지 못- 하고-

G   Am   C   D7   G
내가 먼저웃음주지 못 하고- 이렇 게 머 뭇거리고있 네
내가 먼저높여주지 못 하고- 이렇 게 고 집부리고있 네

G   C   D
그가 먼저손내밀기 원 했고-   그가 먼저용서 하길 원- 했고-
그가 먼저섬겨주길 원 했고-   그가 먼저이해하길 원- 했고-

G   Am   C   D7   G
그가 먼저웃음주길 원 했네- 나 는 어찌된사람인 가
그가 먼저높여주길 원 했네- 나 는 어찌된사람인 가

G   D   G   C   G   D
오 -간교한 나의입술이여-   오 -옹졸한 나의마음이여-
오 -추악한 나의욕심이여-   오 -서글픈 나의자존심이여

G   C   G   D
왜나의입은- 사랑을말하면서- 왜나의맘은- 화해를말하면서-

G   C   G   D   D7
왜 내가먼저- 져줄수없 는가- 왜 내가먼저- 손해볼수없 는가-
G   G7   C   G   D7
오- 늘   나 는   오 늘   나- 는
G   Em   C   D7
주님앞에서- 몸둘바모르- 고 이렇게 흐느끼며서있 네
G   C   D7   G
어찌 할 수없 는이맘을 - 주님 께 - 맡긴채 로

187 다 와서 찬양해

(Come on and celebrate)

D. Bankhead & Patricia Morgan

다 와서 찬양해- 사랑을주 신주 찬양해-
사랑 의우 리주 -님- -생명주셨 네 -
소리쳐 찬양해- 기쁨을주 시는 우리왕-
찬양 의제사 드리며- -주님께경 배 해
다 와서 찬양해- 찬양해- 찬양해-주 님
1. 찬 양해 - 주 님 우리 왕 -
2. 찬 양해 - 주 님 우리 왕 -

당신은 영광의 왕

(You are the King of glory)

Mavis Ford

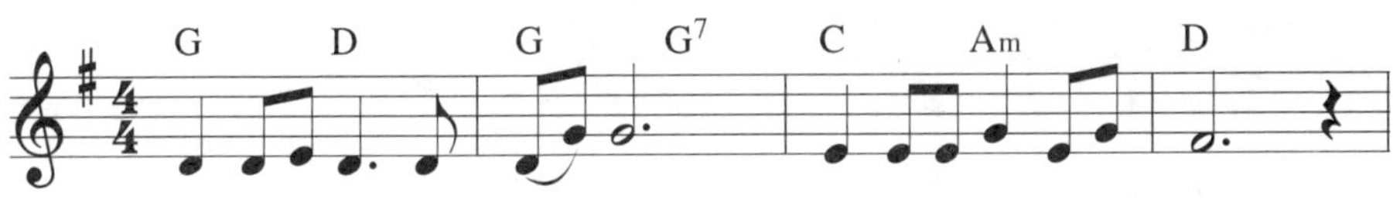
당 신은영 광 의-왕   당 신은평 강의 왕

당 신은하 늘 과 땅의주   당 신은정 의의아 들

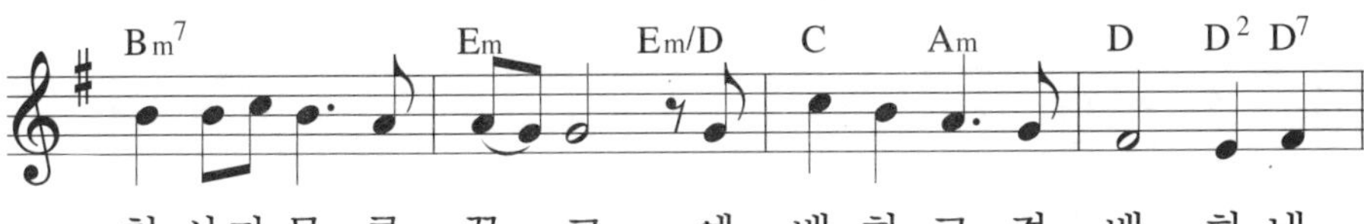
천 사가무 릎 꿇-고   예 배 하 고 경 배 하 네

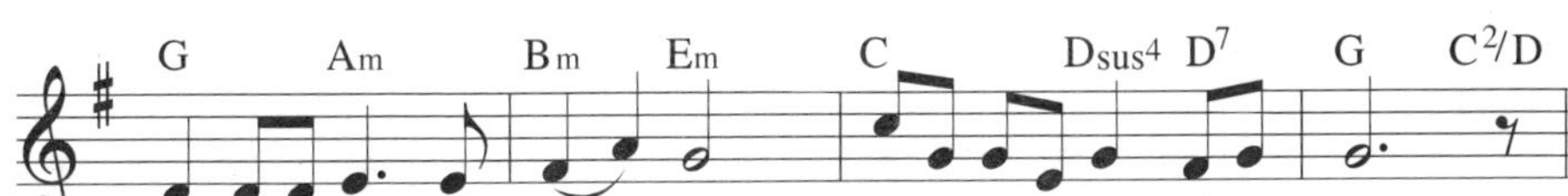
영 원한생 명 말-씀   당 신은예 수 그리스도 주

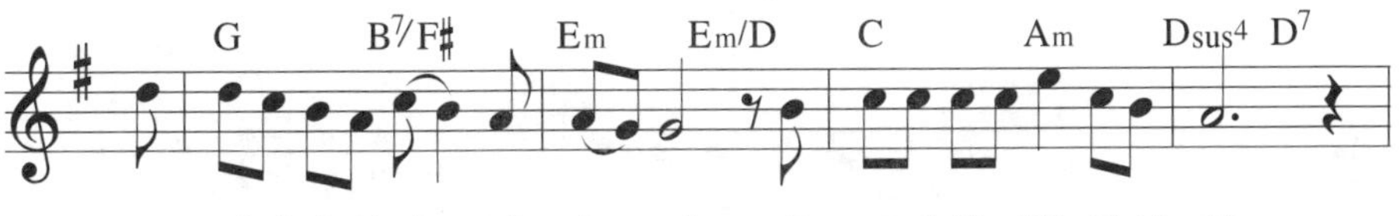
호 산나다윗의- 자 손-께   호 산나불러왕 중의 왕

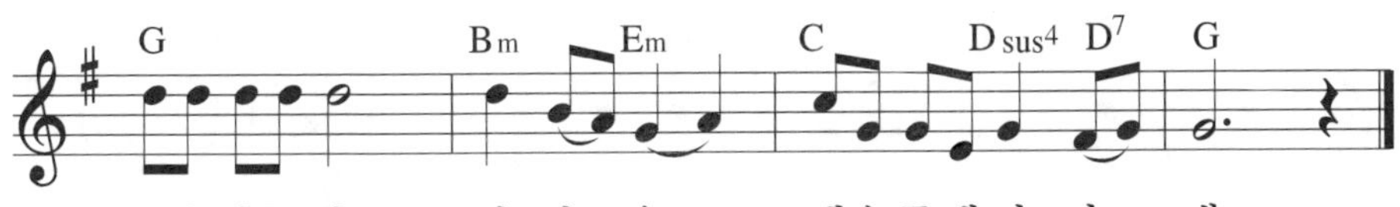
높은하늘엔   영 광-을 -   예수주메시 야- 네

189 당신이 지쳐서 기도할 수 없고

(누군가 널 위해 기도하네)

Lanny Wolfe

당신 이 지쳐 서 기도 할수 없고 눈물
당신 이 외로 이 홀로 남았 을때 당신
이 빗물 처럼 - 흘러내릴 때 주님 은 아시
은 누구 에게 - 위로를얻 나 주님 은 아시
네 당신 의 약함 을 사랑으로 -돌 봐주 시
네 당신 의 마음 을 그대홀 로 -잊 지 못 하
네 - 누군 가 널위 하 여 - 누 군 가
네 - 조용 히 그대 위 해 - 누 군 가
기 도 하 네 - 네가홀 로 외로워 서 - 마음
이 무너질 때 누군가 널 위 해기 도 하 네 -

때로는 너의 앞에
(축복송)

송정미 사·곡

Gmaj7   Bm7   Cmaj7
1. 때 - 로 는   너 의 앞 에   어 려 움 과 아 픔 있 지
2. 너 는 택 한   족 속 이 요   왕 같 은 - 제 사 장 이

Am   D7   Gmaj7
만   담 대 하 게 -   주 를 바 라 보 는 너 의 영 혼
요   거 룩 한 나 라   하 나 님 의 소 유 된 백 - 성

E   Am   D   Cmaj7
-    너 의 영 혼   우 리 볼 때   얼 마 나 아 름 다
-    너 의 영 혼   우 리 볼 때   얼 마 나 사 랑 스

Am   Cmaj7   D   Bm
운 - 지   너 의 영 혼 통 해   큰 영 광 받 으
러 운 지

E   Am7   D   C6/G   G
실   하 나 님 을 찬 양 오 할 - 렐 루   야

191 로마서 16:19
(Romans 16:19)

DaleGarratt, John Mark Childers, Ramon Pink
Graham Burt
Romans sixteen Nineteen says Romans sixteen Nineteen says
선
한데는- 지 혜롭고- 악 한데는- 미 련하라 - 선
한데는- 지 혜롭고- 악 한데는- 미 련하라 - 평강
의 주님 속 히 사단을 너희 발 아래에 상하게-하리 평강
의 주님 속 히 사단을 너희 발 아래에 상하게-하리

마지막 날에

G   Em   C
마 지 -막 - 날 - -에 -   내 -가 -
D7   G   Em
나의 -영 -으 로   모 -든 -   백 성 에게 -
C   D7   G
부 -어 -   주 리 라 - -   자 녀들 은 예 언할것 이요
Em   C   Am
청 년 들은   환 -상 을보고   아 비 들은 꿈 을꾸 - 리 라
Dsus4   D7   G   Em
주의 영 이 임하 -면 -   성   령   - 이 여   -
C   Am   Dsus4   D7   G   Em
임   - 하 소 서   - 성   령   - 이 여
C   D7   G
- 우 리 에 게   임 하 소   서   -

193 모든 영광을 하나님께

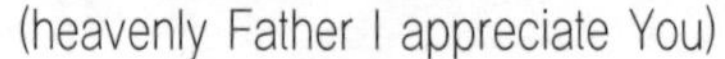

(heavenly Father I appreciate You)

작자 미상

G   C/G   G
1. 모든 영광을 – 하나님 께 – 모든
2. 예수 님 – 찬양 받으소 서 – 예수
3. 위로 의 – 성령 님이시 여 – 위로

Em   A7   Am/D   D7
영광을 – 하나님 께 – 온
님 – 찬양 받으소 서 – 죄
의 – 성령 님이시 여 – 우

G   B7   C   Cm
맘과 – 뜻 다 해 주사 모 합니 다 모든
사했네 우리 위 해 성령 주 셨 네 예수
리안에 계셔 서 늘 인 도 하셨 네 위로

G   D7   C/G   G
영 광 을 – 하 나 님 께 –
님 – 찬양 받으 소 서 –
의 – 성령 님이 시 여 –

문들아 머리들어라

문 들 아머리들-어 라 들릴 지 어다영원한문 들 아 영광
의 왕들어가 시 도록 영광 의 왕들어가-신 다
영 광의왕 뉘 시뇨 강 하 고능 하신 주로다-
전 쟁에능 하신 주 시라 다 찬양 위대하-신 왕
왕 께 만 세 왕 께 만-세-
당 신은영 광의 왕 이라 다 찬양 위대하-신 왕

195 보좌로부터

(주님의 강이 / The river is Here)

Andy Park

보좌 - 로 - 부터 물 이 - 흘러 닿 는곳 - 마 - 다 새
님 의 - 산 - 에 올 라 가 - 리 - 주 계신 - 보 - 좌 -
로 워지 네 - - 골짜 - 기 - 를 지나 들판 - 으로
찾 - 으러 - 그 강변 - 에 - 우 - 리 달려 - 가서
생 수 - 의 강물 - 흘 러 넘 - 치 네 주 님 의 강이 - 우릴
춤 을 - 추 며 - 주를 찬 양 - 하 리
즐겁 - 게 - 해 주 님 의 강이 - 춤 추게 - 해 - 주
님 의 강이 - 우릴 새롭 - 게 - 해 기쁨 - 으로 충
만 케 하 네 - 주 님 의 강이 - 충
C G D G C G
D G C G D G
C G D G
C G G G D G
G C G C G
D G C/G G D G 2nd time D.C. C G
3rd time Fine

D G C G D G
만 케 되네 – 닿 는 자 – 마 – 다 치 유케 – 되네 그
C G D G
강 가 – 에 – 있 – 는 병 든 – 자 들 주
C G D G
갈 급 – 하 – 여 돌 아 오 – 리 라 주
D.S.

196

부흥 있으리라
(There's gonna be a revival)

Renee Morris

부 흥- 있-으리 -라- 이 땅에 ---
부 흥- 있-으리 -라- 이 땅에 ---
동쪽 서 쪽 남쪽-북쪽에 -
동쪽과 - 서쪽 - 남쪽 - 북쪽에 -
부 흥- 있-으리 -라- 이-땅에 - -
-라- 이-땅에 이 땅
에 -라- 부 흥-있-으리 -라-

Am7   G/D   D7aug   F G Bb
부 흥- 있- 으리 -라- 이-땅에
C Bb G F   G   F7 F#7   G2
이 땅 에

보혈을 지나

197

김도훈

G2   Bm7   Em   C
보 혈을지-나 - 하 나님품으로- 보 혈을지-나-
Abm7   C/D D7 G2/B   /F   B/D# B7   Em
아버 지 품으로- 보 혈을지 -나 - 하 나님품으로-
/D   C   Cm6   1.G C/D   2.G C/D D7   G
한걸 음 씩 나 -아가 네   네 존귀 한   주보
D/F#   Am C/D   D7   G C/D D7   G
혈 이 내영 을 새롭게-하 네 존귀 한   주보
D/F#   E/D# C   C/D   D7   G
혈 이 내 영 을 새 롭게 - 하 네

198 사랑합니다 나의 예수님
Deborah Y. Chew
사랑합니 다 나의예수 님 사랑합니 다 아주많이 - 요 -
사랑합니 다 나의예수 님 사랑합니 다 그것뿐예 - 요 -
사 랑한다 아들 아 내 가너를 잘 아 노라
사 랑한다 아들 아 네 게축복 더 하 리라
사랑합니 다 나의예수 님 사랑합니 다 아주많이 - 요 -
사랑합니 다 나의예수 님 사랑합니 다 그것뿐예 - 요 -
하 노라 - 사 랑한다 아들 아 내 가너를 잘아 노라 -
사 랑한다 내딸 아 내 게축복 더 하노라 -

생명 주께 있네

(My life is in You Lord)

Daniel Gardner

생 명 주께 있 네 - 능 력 주께 있 네 - 소
망 주께 있 네 - 주 안 - 에있 - 네 생
네 생명 다 해 - 주 찬 양 - 하 리
- 힘을 다 해 - 주 찬 양 - 하 리 - -
- 내 생 명 - 다 해 내 힘 을 - 다
해 모 든소 망 주님 께 - - 생
안 - 에있 - 네 주 께 -

200 세상 모든 민족이

(물이 바다 덮음같이)

고형원곡

세상 모든 민족이 - 구원 을얻 기까지 - 쉬 지않 으시는- 하
나님 - 주의 심장 가지고 - 우리 이제일 어나- 주따 르게 하소
서 세상 모든 육체가 - 주의 영광 보도록- 우릴부르시는-하
나님 - 주의 손과 발되어 - 세상 을치 유하며 - 주 섬기 게 하소
서 물이바다덮음같이 - 여호 와의 영광을- 인정하는것 이
온세상가득하리라 - 물이 바다 덮음같이 물이 바다덮음 같 이 물이
바 다 덮음같이 - 보리 라 그날 에 주의 영광 가득한- 세
상 우리 는 -듣게되리 온세 상가 득한 승리의- 함 성

십자가 그 사랑

201
Stephen Hah
G Am Bm7 G D7 G
Em Am C Dsus4 G Am Bm7
G D7 G Am C D7 G G
Am D7 G7 Em7 Am
C A7 Dsus4 G Am D7
G Em7 Am C D7 G
십자가 그 사 랑 멀리떠－나 서 무너진나의
지나간일들 을 기억하지않 고 이전에행한
삶 속에 잊혀진주은 혜 돌같은내마 음 어루만－지
모 든일 생각지않으 리 사막에강물 과 길을내시는
사 다시일으켜세우신주 를 사랑합니 다 주나를보호
주 내안에새일행하실주 만 바라보리 라 주나를보호
하 시고 날 －붙드시리 나는 보 －배롭고존 귀한
하 시고 날 －붙드시리 너는 보 －배롭고존 귀한
주님의자녀 라 주 나를보호 하 시고 날 －붙드시
주님의자녀 라 주 나를보호 하 시고 날 －붙드시
리 나는보 －배롭고존 귀한 주 －의자녀 라
리 너는보 －배롭고존 귀한 주 －의자녀 라

202
아침에 주의 인자하심을
(시편 92편)
시 92:1-5
이유정
아침 에 주의인자 하 심을 나-타-내시-며- 밤마
다 주의성실 하 심을 베푸심이좋으나이 -다- 아침
베푸심이좋으나이 다 여- 호 와께 감 사 하며
주의이름을찬 양 여- 호 와께 감 사 하며
주의 이름을찬 양 여 호 와 여 주의
행사가-어찌-그리 크 신지 요 주의 생각이- 심히
깊으시나이 다 - 아침 에 주의인자
하 심을 나-타-내시 -며- 밤마 다 주의성실

Bm7 Em Am D7 C/G G
하 심을 베풂이좋으나이 다 -

약할때 강함 되시네 203
(주 나의 모든것 / You are my all in all)
Dennis Jernigan

G D/F# Em G/B C G/D D
약할때 강함 되시 네 나의보 배가 되신 주 주나 의모 든
십자가 죄사 하 셨 네 주님의 이름 찬양 해 주나 의모 든

G D G D/F# Em G/B
것 - - 주안에 있 는보물 을 나 는포기 할수없
것 - - 쓰러진 나를세우 고 나 의빈잔 을채우

C G/D D C/G G C/D G D/F# Em G/B
네 주나의모 든 것 예 수 어 린양

C G/D D G D G D/F#
존 귀 한 이 름 - - 예 수

Em G/B C G/D D C/G G
어 린 양 존 귀 한 이 름

204 예수 주 승리하심 찬양해

(Jesus, we celebrate Your victory)

John Gibson

예 - 수   주 승리하 - 심찬 - 양해 -
예 - 수   주 사 랑놀 - 라 와 -
예 - 수   자 유주 - 심 기 - 뻐 해 -
예 - 수생 명 - 을주 - 셨네 - -
구 원 의주 - 님 - 자 유 케 하셨 네 - - 모
주 님 의성 - 령 - 내 안 에 계시 니 - 담대
든 죄 의 - 멍 에 - 를 - 주가 깨 뜨 리 셨네 -
히 주 께 - 나 갈 주 - - - 담 력 을얻 었네 -

우 리 기뻐 -해- - 승 리 의 주 님 - 우
주 임 재 안 -에서 문 제 는 사 라 져 - 우
리 마 음 주 께 향 하 네 -

205 예수는 왕 예수는 주

(예수는 왕 / He is the King)

Tom Ewing, Don Moen & John stocker

예수 는왕 - 예수 는주 - 예수 는날
- 구 원하 신 주 - - 예수 는왕 - 예수 는주
- 예수 는날 - 구 원하 신 - 주 왕께 만세
- 주 께만세 - 날구원 하신 주님께 만
세 - 왕 께 만세 - 주 께 만세
- 날구원 하신 주님 께 만 - 세

Fine

G G/B Am/C Am Bm/D Bm Em
강 하 고 능 하 신 왕 세 상 모
Am7 D Bm7 Am7 D G G/B Am/C Am
-든 나 라 다 -스 리 시 네 소 리 높 여
Bm/D Bm Em Am7 Am/G
찬 양 해 그 는 만 - - 유 의 주 - 그
Fmaj9 Dsus4 D
는 만 왕 의 왕 예 수 는 왕
D.S.

206 예수 안에 있는 나에게

롬 8:1-2

구 명 회 작사
박 윤 호 작곡

예수안에있 는 나 에게 - 결코정죄함없 네 생 명의성 령
의 법이- 해 방 하 였 네 해 방 하 였 네
예수 예수 오 직예 수 - 예수
예수 오 직예 수 죄와 사망 에서 - 나를
구원했네-- 죄와 사망 에서- 나를 구 원했 네
해방 되었 네 해방 되었 네 죄와사망의 법에 서
해방 되었 네 해방 되었 네 죄와 사 망의 법에 서

예수의 이름으로
(I will stand)

Chris A. Bowater

예수 의 이름으 로 나 는 일 어서리 라
예수 의 이름으 로 나 는 승 리하리 라

주가 주 신능력 으로 - 나 는 일 어서리 라
주가 주 신능력 으로 - 나 는 승 리하리 라

원수 가 날향해 와도 - 쓰러 지 지않으 리

주가 주 신능력 으로 - 주가 주 신능력 으로 -

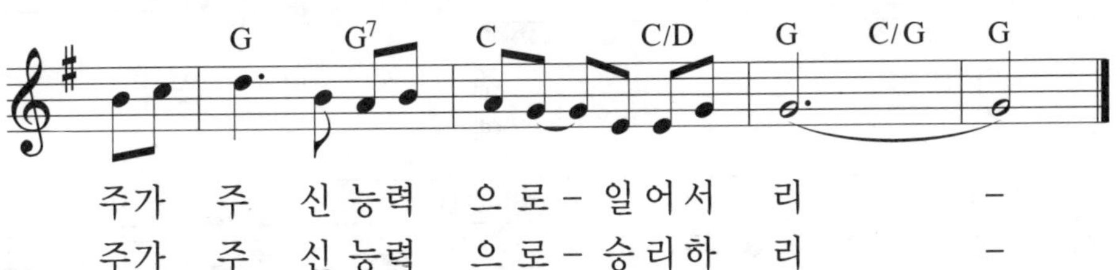

주가 주 신능력 으로 - 일어서 리 -
주가 주 신능력 으로 - 승리하 리 -

208
오 주여 나의 마음이
(시편 57편/ My heart is steadfast)
오주여 나의마-음 이 주께로 정해졌- 으
니 나-는 주 찬 양 하 리 라 -
깨어라 나의영-혼 아 비파와 수 금들- 어라
- 이새벽 에 내가- 찬 양 하 리 라 -
멜 - 로 디 - 멜 - 로
예 - 수 님 - 예 - -
디 - 주 - 님 은
수 - 예 - - 수
나 의 노래 - 찬 양 하 리 -

오직 주님만
(Only You)

Andy Park

오직- -주 님만- 나 의맘의- 갈 급- 함채 -우네
오직- -주 께만- 더
가 까이 - 가 기를원 -하 네 주님
만 내 갈급함 -채우 -네 - 주만
내 게새생명 -주네 - 주만 기 쁨내맘에 -주시
-네- 나의기 도응답하 -시 네

210 일어나라 주의 백성

이 천 사·곡
일어 나 라 주 -의 백 성- 빛을 발 -하 라 -
주가 너의 영 -광 으로- 임하 시 리 라 -
온 세 상이 어 -둠 속에 헤 -메 고- 있 지만 -
주가 너와 함 -께 계 셔 회 -복을 명하 리 라 -
- 일 어 나 라 - 빛을 발 하라 -
만 백 성이 -너의 빛 -을 보 -고- 사방 에서 나아 오네
- 일 어 나 라 - 빛을 발 하라-
만 백 성이 -자유 함 -을 얻 -어 - 기 뻐 하 는도 다 -

저 멀리뵈는 나의 시온성 211

(순례자의 노래)

G   G7   C   G   Em
1. 저 멀 리뵈는 나 의 시 온 성 오 거 룩 한곳
2. 아 득 한나의 갈 길 다 가 고 저 동 산 에서

A   D   D7   G   G7
아 버 지 집 – 내 사 모 하 는 집 에
편 히 쉴 때 –. 내 고 생 하 는 모 든

C   G   Am   D7   G   G7
가 고 자 한 밤 을 새 웠 네 –
일 들 을 주 께 서 아 시 리 –

C   G   D7
저 망 망 한 바 다 위 에 이 몸 이 상
빈 들 이 나 사 막 에 서 이 몸 이 곤

G   G7
할 지 라 도 – 오 늘 은 이곳 내 일 은
할 지 라 도 – 오 내 주 예 수 날 사 랑

C   G C G   D7   G
저 – 곳 주 복 음 전 하 리 –
하 – 사 날 지 켜 주 시 리 –

212 저 죽어가는 내 형제에게

(메마른 뼈들에 생기를)

고형원

저 죽어가는 - 내형제 에게 - 생명 을 주소 서 흑
암의 권세 - 에매여 - 내일 을빼앗긴 - 저들에 게 저
소망없는 - 텅빈가 슴에 - 새날 을 주소 서 고
통의멍에 - 에매여 - 신음 하고있는 - 저들에 게 - 아버지
여 이백성 - 다시 살게 하소 서 묶였
던 자 자유케되 는 - 영광 의날을주 - 소 서 - 아버지
여 이나 라 - 주 의 것되게하 - 소 서 영원

하 신 하 늘 아 버 지 　 － 다 　 시 섬 기 게 하 소 서
메 　 마 른 뼈 들 에 － 생 　 기 　 를 　 부 어 주 소 서 － 아 버 지
의 긍 휼 － 　 주 의 군 대 로 － 서 게 하 　 소 서
성 령 의 바 람 － 이 제 불 어 　 와 　 － 　 아 버 지

213 정결한 맘 주시옵소서

(Create in me a clean heart)

작자미상

정 결 한 맘 주 시 옵 소 서 - 오 - 주 님
정 직 한 영 을 새 롭 게 하 소 서 - - 나 를
주 님 앞 에 서 - 멀 리 하 지 마 시 고 - 주 의
성 령 을 거 두 지 마 옵 소 서 - 그
구 원 의 기 쁨 다 시 회 복 시 키 시 - 고
변 치 않 는 맘 내 안 에 주 소 서 -

주 계신곳 나 찾으리
(날 새롭게 하소서)
정 장 철
214
주 계 신 곳 - 나 찾 으 리 - -
주 님 앞 에 - 나 가 - 주 뵈 오 리 -
날 새 롭 게 하 - 소 서 - 날 새 롭 게 하 - 소 서 -
날 새 롭 게 하 - 소 서 - 주 님 - 이 시 간
내 모 든 것 - 맡 기 리 라 -
나 의 연 약 한 모 습 주 - 님 고 치 리 - 이 시 - 간 -
날 새 롭 게 하 - 소 서 - 날 새 롭 게 하 - 소 서 -
날 새 롭 게 하 - 소 서 - 주 님 - 이 시 간

215 주 예수의 이름 높이세

(We want to see Jesus lifted high)

주예수 의이 - 름 높 - 이 세 - 온 땅을덮는
- 깃발 - 처럼 - 모 든사람 - 진 리를보며 - 길 되신주
- 를 알 - 리 주 예수여 주 예수여 높임을받으
- 시 옵 - 소 서 - 주 예수여 주 예수여 높임을받으
- 시 옵 - 소 서 - 한 걸 음씩전 - 진하 - 며 이땅을
정 복 해 - 가 네 - 기 도 로 무기 - 삼으 - 면 원수
는 무너 지 리 - 무너 - 지 리 - - 라 -
- 시 옵 - 소 서 - -

주님 가신 길

216

김영기

1. 주님 가신 길 십자가의 길 외롭 - 고
2. 머리 - 에 는 가시면류관 허리 - 엔
3. 마르는눈 물 타는목마 름 피로찌든
4. 우리의생 명 주께드리네 나의자랑

무 거 웠 던 길 - 골 고 다 의
굵 은 창 자 욱 - 손 과 발 목
십 자 가 위 에 - 하 늘 향 해
십 자 가 일 세 - 나 의 생 애

거 친 언 덕 길 지 치 - 신 주 님 의 음 성 -
다 - 찔 리 신 지 치 - 신 주 님 의 모 습 -
호 소 하 시 는 버 림 받 은 주 님 의 영 혼 -
주 님 가 지 사 주 님 영 광 나 타 내 소 서 -

오나의주 님 용서 하 소 서 - 죄인위해

고 난 받 으 셨 네 - 이 세 상 에

생명주시 길 그렇게도 원하셨던 길 -

217 주 우리 아버지
(God is our Father)

Alex Simon & Freda Kimmey

주 우 리 아 - 버지　　우 리 는 그 분 의 자 - 녀
예 수 우 리 - 형제 손 에 손 잡 고 하나 되어 함 께 걸 - 어 가 리
주 께 찬 송 해 탬 버 린 으로
주 께 찬 송 해 손 뼉 쳐
주 께 찬 송 해 춤 을 추 면서
주 께 찬 송 해 - 목 소 리 로 랄 랄 라
라 랄 라 라 랄 라 랄 라 라 라 랄 라 라 - 라 랄 랄 라
라 랄 라 라 랄 라 손 잡 고 하나 되어 함 께 걸 어 가 리 -

주님 사랑해요

218
이 정 림

주님 - *사 랑 해 요 -
주님 - *사 랑 해 요 -
말 하 지 않 아 도 표 현 다 못 해 도
주님 - *사 랑 해 요 -

* 찬양해요, 감사해요

219 주님 내길 예비하시니

1. 주님 내 길 예비하시니 나 기뻐합니 다
2. 주님 내 게 평화주시니 나 기도합니 다
3. 주님 내 게 승리주시니 나 찬송합니 다
4. 주님 나 를 치료하시니 참 감사합니 다
5. 주님 나 를 사랑하셨네 날 구원하셨 네

주님 내 길 예비하 시니 나 기뻐합 니 다
주님 내 게 평화주 시니 나 기도합 니 다
주님 내 게 승리주 시니 나 찬송합 니 다
주님 나 를 치료하 시니 참 감사합 니 다
주님 나 를 사랑하 셨네 날 구원하 셨 네

여 – 호 와 이 레 여 – 호 와 이 레
여 – 호 와 샬 롬 여 – 호 와 샬 롬
여 – 호 와 닛 시 여 – 호 와 닛 시
여 – 호 와 라 파 여 – 호 와 라 파
할 렐루 야 아 멘 할 렐루 야 아 멘

주님 내 길 예비하 시니 여 – 호 와 이 레
주님 내 게 평화주 시니 여 – 호 와 샬 롬
주님 내 게 승리주 시니 여 – 호 와 닛 시
주님 나 를 치료하 시니 여 – 호 와 라 파
주님 나 를 사랑하 셨네 할 렐루 야 아 멘

주님은 신실하고
(Sweeter Than The Air)

Scott Brenner & Andre Ashby

주님 - 은 - 신실하 고 - 항 상거기 - 계 - 시 네
- 주 사랑을뭐 - 라할까 - 주사랑 - 이내 생
명 보 다귀 - 하 - 고 - 주사랑 - 이파도 보다 더강 - 해 - 요
- 세 월이 - 가고꽃 이시들어도 - 주 사 랑 - 영 원해 - 주님
1.C² Dsus⁴ D 2.C² Dsus⁴ D G C/G G
- 사랑 - 신실 해 - 요 - 사 랑 - 신실 해 - 요 -

221 세상이 당신을 모른다 하여도

윤주형

세상이- -당신 을모른- 다 하여도-주 님 은그 이름- 마
음에 새 겼 네   세 상이- -주이 름모른- 다하 기에- 오
늘 도 그 이름 열   방에 새 기   리
땅 의 모든끝- 이 주께 -   돌아 오게 되- 리
- 잃어 버린영-혼 들향한- 아버지-의 꿈-- -당신
의삶을 - 통해 - 이뤄 -지   리   -

주의 나라 이 땅위에
(Day's of heaven)
222
David Fellingham
주 - 의 나 라 이 땅 위 에
경 배 드 리 며 주 뵈 오 리
능 - 력 으 로 임 하 네
놀 라 운 주 의 은 혜 로
말 - 씀 과 성 령 으 로
위 - 엄 의 주 예 수 여
주 께 서 축 복 하 시 네
우 리 기 도 를 들 으 소 서
부 으 소 서 성 령 의단 비 주 영 광 을
위 해 부 으 소 서 성 령 의단 비 큰 능
력 으 로 이 땅을덮 으 소 서 -

223 주님의 영광 나타나셨네

(The Lord has displayed His glory)

David Fellingham

주 님 의 - 영 광 나 - 타 나 셨네 - 권
능 으 - 로 임 하 - 셨 네 - 죽
음 에서날 - 살 리 신 주 성 령 - 놀
라 우 - 신 주 하 나 님 -
(형제들)
할 렐
(자매들)
눈먼 자 는 - 눈을 뜨 며 -
루 야주 의 나라 가 - - 할 렐

저는 자 는 - 걷게되리 -
루야 임 하 소 - 서 - - - -
나 는 선 포 하 - 리 만 왕 의 왕 예 - 수
주 의 나 라 임 하 시 네 - -
Am7   G   Em7   Bm   E
Am   D6   D7   Bm7   E7
Am9   D7   G   C/G   G

224 지존하신 주님 이름 앞에

(Jesus at Your name)

Chris A. Bowater

지존 하신 주님 이 름앞에 모두무릎꿇고 다
경배 해- 거룩 하신 주님 보 좌앞에 엎
드려 절-하 세 예 수 는
그리스도 예 수 는 주 하 나 님의
영으로- 경배드-리리-

주의 성령 이곳에 임하소서

(HOLY SPIRIT THOU ART WELCOME)

Dottie Rambo & David Huntsinger

주 의 성 령 이 곳 에 임 하 소 서
주 의 성 령 우 리 게 임 하 소 서
전 능 하 신 아 버 지 여 오 셔 서
은 혜 와 자 비 베 푸 소 서 -

226 주의 이름 높이며 주를 찬양
(Lord, I lift Your name on high)

Rich Founds
주의 이름높-이 며 주를 찬양하 -나
이-다 나를 구하러 -오 신
주를 기뻐하 -나 이-다 하늘영광 버리고
- 이 땅 위에 - 십자가-를 지시고 -죄 사 했네
- 무덤에 -서 일 어나 - 하늘로 -올 리셨네
- 주의이 름높 -이 -리 -주를 찬 -양

주의 사랑으로 사랑합니다

(I love you with the love of the Lord)

James M. Gilbert

주의 사랑으로 사랑합니 다 주의
환영
사랑 으로사랑합니 다 형제 안 에 서 주의
환영 자매
영광을보네 주의 사랑으로사랑합니 다
환영

주의 이름 송축하리
(The name of the Lord)

Clinton Utterbach

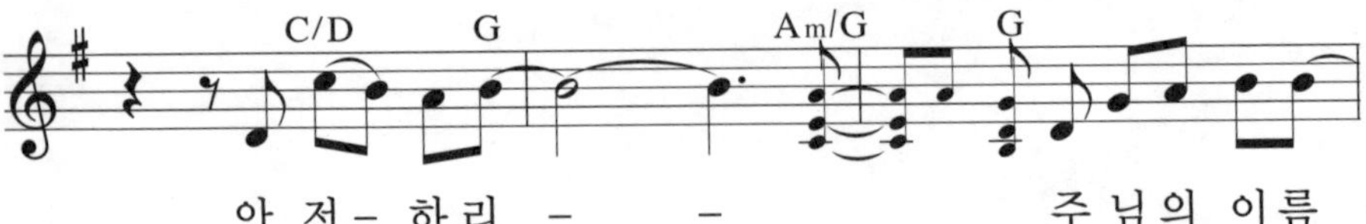

1. 주의 이름 송축하리 – 주의이름 송 축하리 – – –
2. 거룩하신 주의이름 – 거룩하신 주의이름 – – –
3. 영광스런 주의이름 – 영광스런 주의이름 – – –

지존 하신 주의 이름 – 찬 – 양 – –
거룩 하 신 주 의이름 – 찬 – 양 – –
영광스런 주의이름 – 찬 – 양 – –

지존 하신 주의 이름 – 찬 – 양 – – Fine
거룩 하신 주의 이름 – 찬 – 양 – –
영광 스런 주의 이름 – 찬 – 양 – –

주님 의 이름 – 은 강한 성
– 루 그 곳 에달려 – 간 – 자
안 전 – 하리 – – 주님의 이름

C/G Am/G G   Am/G G   D
- 은   강한성 - 루   그곳에달려
Am G D7 G   F/G   C/G G Am/G
D D
- 간 - 자   안전 - 하리 - -
D.C.

찬양하라 내 영혼아 229
(Bless the Lord, oh my soul)

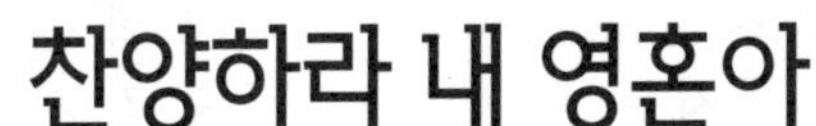

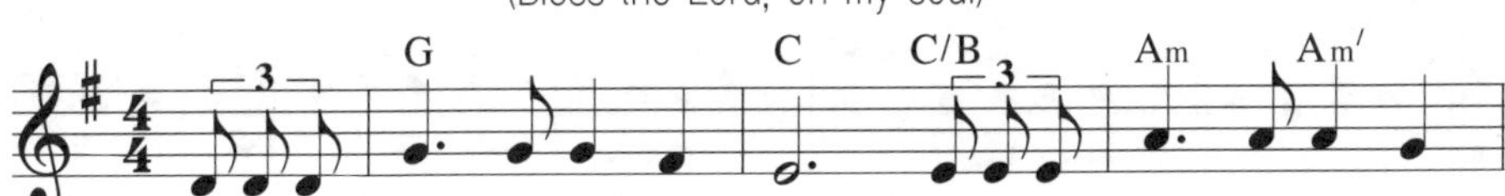
G   C   C/B   Am   Am'
1. 찬양하 라 내영 혼 아   찬양하 라 내영 혼
2. 감사하 라 내영 혼 아   감사하 라 내영 혼
3. 기뻐하 라 내영 혼 아   기뻐하 라 내영 혼
4. 사랑하 라 네형 제 를   사랑하 라 네형 제

Dsus4 D7   G   C C/B Am7   G D7   G
아   내 속 에있는 것 들아다 찬 양하 라
아   내 속 에있는 것 들아다 감 사하 라
아   내 속 에있는 것 들아다 기 뻐하 라
를   네 형 제를네 몸 같이다 사 랑하 라

230 창조의 아버지
(Father of creation)

David Ruis

1. 창조 - 의 아버 - 지   그 섭리 보 - 이사 -
주 의 - 크 신능 - 력   만 물이사모하니 -
2. 열방 - 의 통치 - 자   세 상이보 - 리라 -
우 릴 - 돌 아보 - 사   강 건케하 - 소서 -

택 하신세 대일으키 - - - 어 -   이 땅을고치 소서 -
성 령의기 름을부어 주 - - 사 -   이 시 간임하 소서
신 실 한주의약속으 - - - 로 -   교 회는승리하 리 -
연 약 함모 두벗어지 - - - 고 -   승 리 케 하옵소서

- 주 영광 여기 - 임 하사 -   열 방향 - 해 그빛 - 비추 소서

주의 얼 굴구 - - 할 때 -   주의 향 기 머무소 - - 서

주의나 - 라가 - (임하옵 - 시며) - 주님의뜻 이 - - (이뤄지 - 이다)

- 이 땅가 - 운데 - (하나 님 - 아들) 영 광보이 - 소서 - 주영

하나님께서 당신을 통해 231

김영범

하 나 님께서 당신을통해 메마른땅에 샘물
나게하 시 기를 가난한영혼 목마른영혼
당신을통해 주사 랑알기 원하네 -

232 하나님이 세상을 이처럼 사랑하사

(요한복음 3장16절)

최덕신

하나님이 세상을 이 – 처 럼 사 랑 하 사
주예수를 믿으라 그 리 하 면 너와네집이
자녀들아 너희는 부 모 에 게 순 종 하 라
주님께서 우리게 새 계 명 을 주 셨 으 니
형제들아 너희는 입 으 로 만 사 랑 말 고
독 생 자 를 주 셨 으 니
구 – 원 을 얻 으 리 라
이 – 것 이 옳 으 니 라 누 구 든 지
너 – 희 는 사 랑 하 라
행 하 므 로 사 랑 하 라
예 수 믿 으 면 멸 망 하 지 않 – 고
영 생 을 얻 으 리 로 다
영 – 생 을 얻 으 리 – 라
구 – 원 을 얻 으 리 – 라
이 – 것 이 옳 으 니 – 라
서 로 서 로 사 랑 하 – 라
진 심 으 로 사 랑 하 – 라

하나님께서는 우리의 만남을

(우리 함께 / Together)

Rodger Strader

하 나님께서 는 - 우리의만남 을
- 계획해놓셨 네 - - - 우린하나되 어
- 어디든가리 라 - 주위해서라 면
- 무엇이든하 리 - 라 - 당신과함 께
- 우리는 하 -나 되어- 함 -께
걷네 하늘아버 지 사 랑안-에 서
- 우리는 기 -다 리며- 기 -도
하 네 우리의삶 에 사 랑넘치도- 록 - 우리는 록

호산나 높은 곳에서

(호산나 / Hosnna)

Carl Tuttle & Stephen Hah

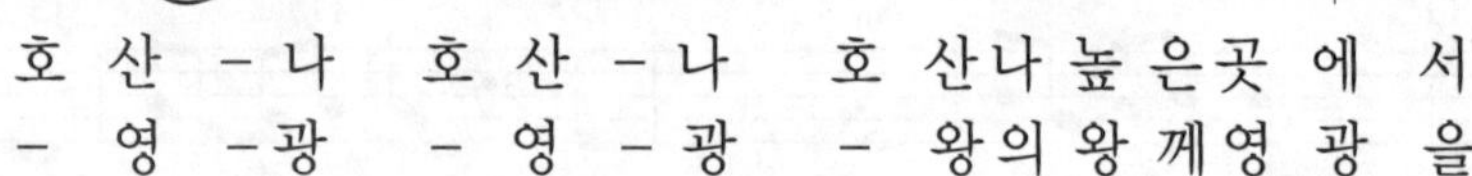

1. 호 산 – 나 호 산 – 나 호 산나높은곳에 서
2.   영 –광 –영 –광 –왕의왕께영광 을

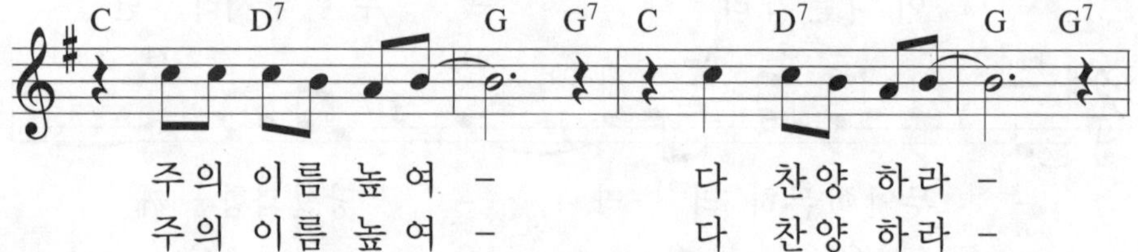

호 산 – 나 호 산 – 나 호 산나높은곳 에 서
–영 –광 –영 –광 –왕의왕께영광 을
주의 이름 높여 –   다 찬양 하라 –
주의 이름 높여 –   다 찬양 하라 –

귀하신주나의하 나 님 호 산나높이 외치세
귀하신주나의하 나 님 주 님께영광돌리세

그는 여호와 창조의 하나님 235

(창조의 하나님 / He is Jehovah)

Betty Jean Robinson

1. 그는 여 호-와 창조의 하나님 그는 여
2. 지존의 하나님 아브라함의 하나님 여호와
3. 여호와 이-레 그는 나의 공급자 구원의

호 와 전능의 하나님 길르앗의 향료요 반석의
샬 롬 평강의 하나님 이스라엘의 하나님 영원한
하나님 구주의 하나님 아 들을 보내어 그를증거

하 나 님
하 나 님 그는여 호 와 치료의하 나 님
하 셨 네

찬 양 - 하 세 할렐- 루 야 찬 양 -

하 세 오- 할렐 루 야 그는여 호-와 전능의

하 나 님 그는여 호 와 치료의하 나 님

236 갈릴리 마을 그 숲속에서

(가서 제자 삼으라)

최용덕 사·곡

1. 갈 - 릴리 마을 그 숲속 에서 - - 주님
2. 미류 나무 우거 진 숲속 에서 - - 주님
그 열한 제자 다시 만나시사 - - 마지 막 그들에게
그 열한 제자 다시 부르시사 - - 마지 막 그들에게
말씀 하시기 를 - 너희 들은 - 가라 저 세상으 로 -
부탁 하시기 를 - 너희 들은 - 가라 저 세상으 로 -
가서 제 자삼으 라 세상 많은사람들을
세상 모 든영혼 이 네게 달렸나 니 -
가서 제 자삼으 라 나의 길 을가르 치 라
내 가 너희와 - 항상 함 께하 - 리 라 -

고개들어 주를 맞이해

(Lift up your heads)

Steven L. Fry

A Amaj7 A7 D E D/E E7 A D2/E
고 개 들 어 주 를맞 이 해
입 을 모 아 주 를찬 미 해
A Bm7 A7 D Esus4 E E7
(찬 양주님께영 광)
엎 드 리 어 경 배하 며 찬 양
새 노 래 로 감 사하 며 찬 양

A Amaj7 A7 D E D/E E7 A D2/E
왕 의 위 엄 을 신 령과진 정 한
주 의 사 랑 과 구 원의은 혜 를

A Bm7 A7 D Bm7 A E7 A
찬 양으 로 영 광돌 려 만 왕 의 왕 께
감 사함 과 기 쁨으 로 영 광돌 리 세

238 나 자유 얻었네

1. 나자유 얻었네 너자유 얻었네 우리자유 얻 었 네 - -
2. 나구원 받았네 너구원 받았네 우리구원 받 았 네 - -
3. 나성령 받았네 너성령 받았네 우리성령 받 았 네 - -
4. 나기뻐 하겠네 너기뻐 하겠네 우리기뻐 하 겠 네 - -
5. 나은혜 받았네 너은혜 받았네 우리은혜 받 았 네 - -
6. 나믿음 얻었네 너믿음 얻었네 우리믿음 얻 었 네 - -
7. 나감사 하겠네 너감사 하겠네 우리감사 하 겠 네 - -

나자유 얻었 네 너자 유 얻었네 우리자유 얻 었 네 -
나구원 받았 네 너구 원 받았네 우리구원 받 았 네 -
나성령 받았 네 너성 령 받았네 우리성령 받 았 네 -
나기뻐 하겠 네 너기 뻐 하겠네 우리기뻐 하 겠 네 -
나은혜 받았 네 너은 혜 받았네 우리은혜 받 았 네 -
나믿음 얻었 네 너믿 음 얻었네 우리믿음 얻 었 네 -
나감사 하겠 네 너감 사 하겠네 우리감사 하 겠 네 -

주말씀 하시길 죄사슬 끊겼네 우리자유 얻 - 었 네 할렐루야

나의 안에 거하라 239

류 수 영 사·곡

나의 안에 거하라- 나는네 하나 님이니- 모든

환난 가운데- 너를 지키는자라- 두려워 하지말라- 내가널

도와 주리니- 놀라 지말라- 네손잡아 주리라 - 내가너를

지명하-여 불렀나-니너는 내 것이라- 내 것이라- 너의

하나 님이라 - 내가너를 보배롭 - 고 존 귀하 - 게

여 기노라 - 너를 사 랑하 - 는 네여 호와라 -

240 나의 반석이신 하나님

(Ascribe greatness to our God)

Mary Kirkbride & Mary Lou Locke

나 의 반석이신 하나님 행하신
모든 것 완전하시니 - 나의
생명되신 하나님 내게행 하신 일
찬양합니 다 - 신 실 하 신 하나- 님
실수 가 없으-신- 좋 으 신 나의 주
- 신 실 하 신 하나- 님 실수 가
없으-신- 좋 으 신 나의 주 -

나의 힘이되신 여호와여 241

시편 18:1-2

은 지 영

1. 나의 힘이되신여호와 여 내가 주님을사랑합니 다 주는
2. 나의 생명이신여호와 여 내가 주님을찬양합니 다 주는
나 의 반－석이 시며－ 나의 요 새－ 시 라 주는 나를건 지시
나 의 사－랑이 시며－ 나의 의 지－ 시 라 주는 나를이 끄시
는 나의 주 나의하나 님 나의 피 할 바－ 위시 요 나의
어 주의 길 인도하시 며 나의 생 의 목자 되시 니 내가
방 패시 라 나의 하 나 님 나의 하 나－ 님
따 르 리 라 나의 하 나 님 나의 하 나－ 님
구 원의뿔－ 이시 요 나의 산 성 이 라 나의 하나 님
생 명의면류관으 로 내게 씌 우소 서 나의 하나 님
나의 하 나－ 님 그는나의 여호와 나 의 구 세 주

242 나의 가장 낮은 마음
(낮은 자의 하나님)

양영금 작사
유상열 작곡
1. 나 의가-장- 낮 은마-음 주 님께-서- 기 뻐하-시고
2. 내 가지-쳐- 무 력할-때 주 님내-게- 힘 이되-시고
작 은일-에- 큰 기쁨-을- 느 끼게하시는도 -다- -다-
아 름다-운- 하 늘나-라 내 맘에주시는도 -다- -다-
우 리에게- 축 복 하신- 하 나 님 사랑 -
낮 은자를- 높 여 주 시고 - -
아 름다운- 하 늘 나 라- 허 락 하 시고 -
내 모 든- 것- 예 비 하 시 네 -
찬 양 함 에 기 쁨을- 감 사 함 에 평 안을-

C#   F#m   D
간 구 함에 하 나 님 - 알 도록 -
Dm   1. A   D/E   2. A D/A A A+
하 셨 네 - · 네 -

나는 찬양하리라
(I sing praise to Your name O Lord)

243

Terry MacAlmon

A   A/C# Dmaj7   E/D   C#m7   F#m
1. 나 는찬양하리 라 주 - 님 그이름찬 양 예 - 수
리 주 - 께 영광의이름 예 - 수

Bm7   D/E E D/E E Amaj7   A/C# Dmaj7
크신 주 이름 나 찬 양 하 리 라 나는찬양하리 라
크신 주 이름 나 찬 양 하 리 라 나는영광돌리 리

E/D   C#m7 C#m7/E F#m7 E/F# F#m7 Bm7
주 - 님 그이름찬 양 예 - 수 크신 주 이름
주 - 께 영광의이 름 예 - 수 크신 주 이름

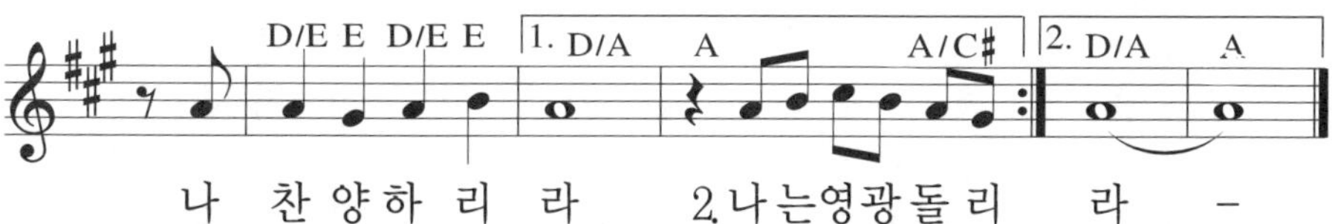
D/E E D/E E 1. D/A A A/C# 2. D/A A
나 찬 양 하 리 라 2. 나는영광돌리 라 -

244 날 구원하신 주 감사

(Thanks for God)

J. A. Hultman

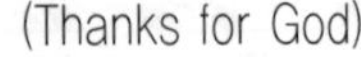

1. 날 구 원 하 신 주 감 사 모 든 것 주 심 감 사
2. 응 답 하 신 기 도 감 사 거 절 하 신 것 감 사
3. 길 가 에 장 미 꽃 감 사 장 미 꽃 가 시 감 사
4. 내 게 건 강 주 심 감 사 또 한 연 약 함 감 사

지 난 추 억 인 해 감 사 주 내 곁 에 계 시 네
헤 쳐 나 온 풍 랑 감 사 모 든 것 채 우 시 네
따 스 한 사 랑 의 가 정 희 망 주 신 것 감 사
햇 빛 을 주 심 도 감 사 구 름 또 한 감 사 해

향 기 론 봄 철 에 감 사 외 론 가 을 날 감 사
아 픔 과 기 쁨 도 감 사 절 망 중 위 로 감 사
기 쁨 과 슬 픔 도 감 사 하 늘 평 안 을 감 사
땀 흘 리 는 수 고 감 사 저 녁 의 안 식 감 사

사 라 진 눈 물 도 감 사 나 의 영 혼 평 안 해
측 량 못 할 은 혜 감 사 크 신 사 랑 감 사 해
내 일 의 희 망 을 감 사 영 원 토 록 감 사 해
부 요 도 가 난 도 감 사 모 든 것 다 감 사 해

내 마음에 주를 향한 245

(십자가의 길 순교자의 삶 / The way of cross, the way of martyr) Stephen Hah

1. 내 마음에 주를 향한 사 랑이- 나의 말엔 주가 주신
2. 내 입술에 찬- 양의 향 기가- 두 손에는 주를 닮은
진 리로- 나의 눈에 주의 눈물 채 워 주 소 서
섬 김이- 나의 삶에 주의 흔적 남 게 하 소
서
하 나 님의 사 랑이- 영 원
히 함 께 하리- 십 자 가의 길을 걷 는 자에 게 순 교
자 의 삶을 사는 이 에 게 조 롱 하는 소리와- 세 상
유 혹 속 에 도- 주의 순 결 한 신 부가 되 리
라 내 생 명 주 님 께 드 리 리

246
나의 영혼이 잠잠히
(오직 주만이)
이 유 정

1. 나의영혼이 - 잠잠히 하나님만바람이여 -
2. 나의영혼이 - 간절히 여호와를갈망하며 -

나의구원이 - 그에게 서 - 나 - 는 도 다
나의입술이 - 여호와 를 - 찬 - 양 하 리

나의영혼아 - 잠잠히 하나님만 - 바라라 -
나의영혼이 - 즐거이 여호와를 - 따르리 니

나의소망이 - 저에게 서 나 - 는 도 다 오직
나의평생에 - 여호와 를 송 - 축 하 리

주만이 - 나의 반 - 석 - 나의 구 - 원 - 이시 니 오직

주만이 - 나의 산 - 성 내가 요동치아니하 리 리
Fine

F   F/G G7   C G/B Am Dm7   G7   C   C/B
나의구원나의 영 광   하나님께있으 니   내
Am   Am/G Am/F#   B/D#   E sus4 E7   D.S.
힘의- -반 석과-   피난처되시 네 - 오직

247
내가 만민중에
Be exalted, O God
Brent Chambers
내가 만 민 중 에 오- 주 께감 사 하-며 주님
을 찬양하 리열방중 에-서 - 주의
인 자는 커 서 커서 하 늘에 미 치-고 주의
진 리는 넓은 궁창에 이르 나 니 - 하늘
위 에 주- 는 -높이들 리 며 주의
영광은 온 세 계위- - 에 - 하늘 영광은 온
세 계위- - 에 - 내가 영 광 은 주의
영 광 -은 주의영광은온 세 계위- - 에 -

너의 하나님 여호와가

(스바냐 3장 17절)

김진호

A   A7   D   A   E   E7
1. 너의하나 님 여 호 와 가 너 의가운 데 계시 니 —
2. 너의구원 자 예 수 님 이 문밖에서 기 다리 니 —
3. 너의보혜 사 성 령 님 이 주님께로 인 도하 니 —

A   A7   D   E   E7   A
그는구원 을 베 푸 실전능 자 전 능 자시 - 라 —
그는생명 의 구 원 을주시 는 영 광 의 하나 님 —
그는은사 를 베 푸 실전능 자 보 혜 사 시 - 라 —

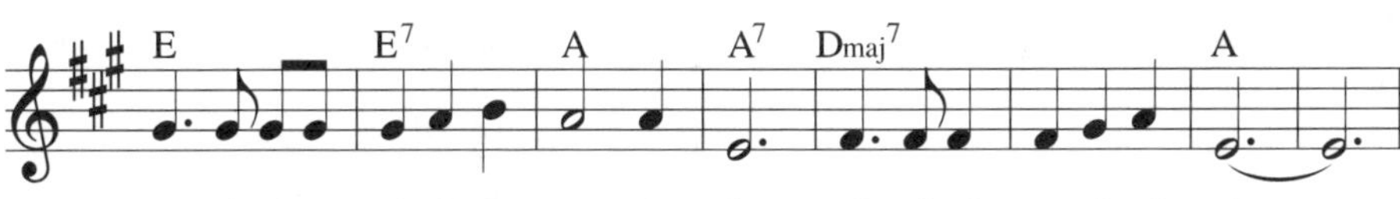

E   E7   A   A7   Dmaj7   A
그 가너로 인하여 기 쁨 을 이 기지 못하시 며 —
주 의음성 듣고서 문 열 면 그 로더 불어살 고 —
나 의죄를 불태우 신 성 령 불 - 같 은 - 성 령 —

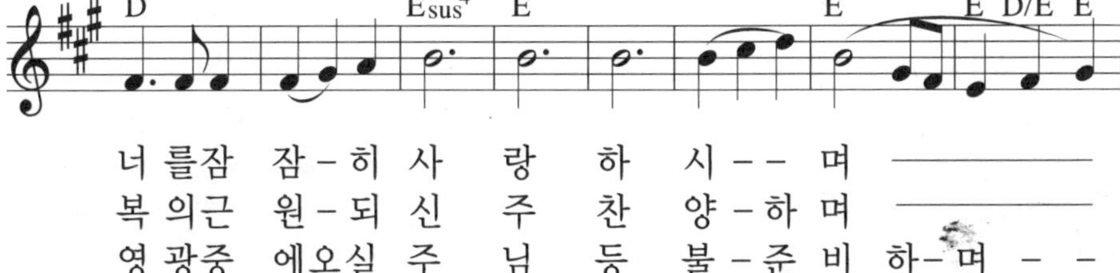

D   Esus4   E   E   E   D/E   E
너를잠 잠 - 히 사 랑 하 시 - - 며 ———
복 의근 원 - 되 신 주 찬 양 - 하 며 ———
영광중 에오실 주 님 등 불 - 준 비 하 - 며 — —

Amaj7   A7   Bm   D   E   Esus4   E7   A   D/A   A
즐 거이 부르며 기 뻐 기 뻐 하시리 라 —

249
많은 사람들
(난 예수가 좋다오)
김석균

A C#m D F#m A/E
많은 -사람 들 - 참 된 진리를모른채 - 주님곁을
무거운짐진자 - 다 - 내게 -로오라 - 내가너를
그대 -가만일 - 참된 행복을찾거든 - 예수님을

F#m Esus4 E7 A C#m
떠 나 갔 지만 - - 내가만난주 -님은 - 참
쉬 게 하 리라 - - 이길만이생명의길 - 참
만 나 보 세요 - - 그분으로인 -하여 - 참

D F#m A/E E7 A D A
사 랑 -이었 고 - 진 리 였고 소망이었소 - -
복 된 -길이라 - 항 상 내게 들려주셨소 - -
평 안을얻으 면 - 나 와 같이 고백할거요 - -

A F#m/A A7 D
난 예수가 좋 다오 - - 난 - -

B7/D# Esus4 E7 A A7 D
예수가좋다오 - - 주를 사 랑한다던 - 베드로

Dm A E7 A D/A A
고백 처럼 - 난 예수를사랑한다 오 -

모든 능력과 모든 권세

(Above All)

Lenny LeBlanc & Paul Baloche

모 든능 - 력 - 과 모든권 - - 세 - 모든것 - 위 - 에 뛰어
-나신 -주 님 세상이 측 량 - 할수 - 없는 - 지혜 - - -로
모 든만 - 물창 - 조하 - 셨네 - 모 든나 - 라 - 와 모든보 -
-좌 - 이 세상 - 모 든 - 경이 - 로움 - 보다 - 이 세상
모 든 - 값진 - 보물 - 보다 - - - - 더욱귀 - 하신 - 나의 - 주님
- 십 - 자가 - 고통당 - 하사 - 버 림 받고 - 외
면당하 - -셨네 - 짓밟힌 - 장미꽃 - -처럼 - - - -
나를 - 위해 - 죽으셨네 - 나의 - 주

251

민족의 가슴마다
(그리스도의 계절)

원시 김준곤
작곡 이성균
민족의- 가 슴 마 다 피묻 은 그 리 스 도 를- 심 어
이땅 에푸르고- 푸른-그리 스 도의계절- 이 - - 오 게하 소 서
오게하소 서 이 땅에- 하나님 - 의나 라 가 이뤄 지 게하옵-소서
모든 사람의마-음과-교회와가정-에도- 하나님나라가-임하게하여주-소서
주의 청 년들이-예수의 꿈 을꾸고- 인류 구원의- 환 상을보게하-소서-
한손엔복 음들고-한손엔사랑을들고 온땅 구석 구석누비-는 나라 되게하소
서 이땅 구석구 -석에- 서 - 예수를주로 - 고 백 하 게하 - 소-서-

하늘의뜻 이 땅에 이뤄주 - 소 - 서 - 주의 나 라 되게하 소 - 서 - -

주의 청 년들이 - 예수의꿈 을꾸고 인 류 구원의 - - 환상을 - 보게하 - 소서 - 한손엔

복 음들고 - 한손엔 사랑을들고 온땅 구석　구석누비 - 는나라 되게하 소 서　 -

252 무화과 나뭇잎이 마르고

(난 여호와로 즐거워하리 / Though the fig tree)

Tony Hopkins

무 화 과 나 뭇 잎 이 - 마 르 고 - 포 도
열 매 가 없 으 며 - - 감 람 나 무 열 매
그 치 고 - 논 밭 에 식 물 이 없 어 도 - - 우 리
에 양 떼 가 없 으 며 - 외 양 간 송 아 지
없 어 도 - - 난 여 호 와 로 즐 거 워 하 리
난 여 호 와 로 즐 거 워 하 리 난 구 원 의
하 나 님 을 인 해 기 뻐 하 - 리 라 -

사망의 그늘에 앉아

(그 날)

고 형 원

사망의그늘에앉 아 죽어 가는 나의백성 들 절망
과굶주림에 갇힌저들은 내마음의-오랜슬 품
고통의멍 에에매 여 울고 있는 나의자녀 들 나는
이제일어나-저들의 멍에를꺾고 눈물씻기기 -원하는 데
누가내게부르-짖 어 저 들을구원케 -할 까
누가 나를위해 -가 서 나의사랑을전 -할 까 나는
이 제 보기원하 네 나의 자녀들 -살아나는-그 날 기쁜
찬 송 소리하늘 에 웃음 소리온-땅가득한-그 날

254 선포하라 부활하신 영광의 주

(선포하라 / All heaven Declares)

Noel & Tricia Richards

선 포 하 라   부활하신 영 광 의주
선 포 하 라   부활하신 영 광 의주
아 름 다 운   영광의 주 를 보라
하 나 님 과   화목하게 하 신주
보좌에 앉으 신   그어린양예 수
찬송과 존귀 와   영광과능력 을
다무릎꿇고 서   주경배하리 라 –
영원영원토 록   받아주옵소 서 –

예수 나의 첫사랑 되시네

(Jesus, You alone)

Tim Hughes

예 수 나의 첫 사 랑 되시 - 네   내 첫 - 사 랑 - 지
존 자 되 신 그 리 스 도 예 - 수   찬 양 - 하 리 -
보 좌 앞 에 나 의 삶 이 향 기 로 운 제 사 로
주 께 드 려 지 기 원 하 네 -   오 직 주 만 바
나 의 온 전 한
- 라 보 - 며   나 의 삶 을 드 - 리 네 - -   다 른 길 은 찾
- 열 정 - 과   나 의 찬 양 되 - 시 네 - -   주 의 길 을 따
- 지 않 예 - 으 리 -   - 라 가 - 리 라 -

256
예수 우리 왕이여
(Jesus, we enthrone You)
Paul Kyle
예 수 - 우리 왕이여 -
이 곳 에 오소 서 -
보 좌-로 - 주여 임 하사 - -
찬 양 을 받아 주소 서 -
주 님 을 찬 양 하 오 니
주 님 을 경 - 배 하 오 니
왕 이 신 예 수 여 오 셔 서 좌 정
하 사 다 스 리 소 서 -

우리 보좌앞에 모였네
(비 전)
고 형 원
257

우리 보좌앞에 모 였 네 함께주를찬양-하 며
하 나님의사랑 그 아들주셨네 그의피로우린 구원 받았 네
십자 가 에서쏟으신그 사 랑 강 같이온땅에-흘 러
각 나 라 와족속 백 성만방에서 구 원받 고주
경배드리 네 구 원하심이보 좌에 앉으신 우
리하나님과 어 린양께있도 다 구 원하심이보
좌에 앉으 신 우 리 하나 님과 어 린양께있 도 다

258
우물가에 여인처럼
(Fill my cup Lord like the woman at the well)
Richard Blanchard
A
E7
1. 우물 가의 여인 처럼 난 구 했 네 － － 헛
2. 많고 많은 사람 들이 찾 았 었 네 － － 헛
3. 내 친 구 여 거 기 서 － 돌 아 오 라 － － 내
A
되 고 헛 된 것 들 을 그 때 주 님 － 하 신
되 고 헛 된 것 들 을 그 안 에 감 － 추 인
주 의 넓 은 품 으 로 우 리 주 님 － 너 를
D
E7
A
말 씀 － 내 샘 에 와 생 수 를 마 셔 라
보 배 － 세 상 것 과 난 비 길 수 없 네 오 －
반 겨 － 그 넓 은 품 에 널 안 아 주 시 리
E7
A
주 님 － － 채 우 소 서 － 나 의 잔 을 높 이 듭 니 다 하 늘
Bm
D
E7
A
양 식 내 게 채 워 주 소 서 넘 치 도 록 － 채 워 주 소 서

유월절 어린양 피로
(Under the blood)
Martin J. Nystrom & Rhonda Gunter Scelsi
유월 절어린양 -의피 로 나의 삶의문이 -열렸네 - 저
어둠의권 -세는 힘이없네 주 보혈의능 -력으로 - - 원
수가 날정죄할 때 -도 난 의롭게살 수있 네 - 난
더이상정죄함 없 -네 난 주보혈아 -래있네 - 난
주보혈아 -래있네 - 그 피로내죄 -사했 - 네 -
하 나 님의긍휼 날 거룩케하시었 네 - 난
주보혈아 -래있네 - 난 원수의어 -떠한 공격에도
더이상넘어 지지않네 난 주보혈아 -래있네 - -

260 이 땅의 황무함을 보소서

(부 흥)
고형원
이땅의황무함을 보소서 - - 하늘의 하나님 - - 긍휼을
베푸시 는주여 우리의 죄악 용서 하소서 - - 이땅 고쳐 주소
서 이제우리모두하 나되어 - - 이땅의 무너진 - - 기초를
다시쌓을때 우리의우상 들을태우실 - - 성령의불 - 임하소 서
부흥의불길 - 타오르게 하소서 - - 진리의말씀 - 이땅 새롭게
하소서 - - 은혜 의강물 - 흐르게 하소서 - - 성령 의바람
- 이제불어 와 오 - 주 의영 - 광가 득한 새 날주소
서 오 - 주 님나 - 라 이 땅에 임 하 소 서

주 여호와는 광대하시도다
(Great is the Lord)
261
Steve McEwan
주 여호 와는광대하시 도 다 그 거룩한하나님성에
서 찬 양할지-어 다 -
주 승리 우리에게주셨-도 다 모 든원수물리치-셨
네 엎 드려절-하세 - 다
주의크 -신이-름 높이 며 우 리에게-행하-신 위대
한일감 -사하 - 세 오 주의신 -실하-신그사 랑 온
땅 과하 -늘위에계 -셔 홀로 영원 하신 이 름- -

262
주 하나님 독생자 예수
(살아계신 주 / Becouse He lives)
William J Gaither

A E A7 D A E7
A Bm7 E7 A E7 A7 D
Bm7 A E7 A D
A E7 A Amaj7 C#7 D Bm7 A E7
A B7 E7 A E7 A D
Bm7 A F#m B7 E7 A D A

1. 주 하 나 님 - 독 생 자 예 수 - 날 위 하 여
2. 주 안 에 서 - 거 듭 난 생 명 - 도 우 시 는
3. 그 언 젠 가 - 주 뵐 때 까 지 - 주 를 위 해

- 오 시 었 네 - 내 모 든 죄 - 다 사 하 시 고
- 주 의 사 랑 - 참 기 쁨 과 - 확 신 가 지 고
- 싸 우 리 라 - 승 리 의 길 - 멀 고 험 해 도

- 죽 음 에 서 부 활 하 신 나 의 구 세 주
- 예 수 님 의 도 우 심 을 믿 으 며 살 리
- 주 님 께 서 나 의 앞 길 지 켜 주 시 리

- 살 아 계 신 주 - 나 의 참 된 소 망 - 걱 정 근 심

- 전 혀 없 네 - 사 랑 의 주 내 갈 길 인 도 하 니

- 내 모 든 삶 에 기 쁨 늘 충 만 하 네 -

주께 가오니 날 새롭게
263
(주의 사랑으로 / The power of Your love)
Geoff Bullock

주께가 오니 - 날새롭게하 시고 - 주의은혜
나의눈 열어 - 주를보게하 시고 - 주의사랑

를 부어주 - 소 서 내안에발견한 -
을 알게하 - 소 서 매일나의삶에 -

나의연약 함 모두 - 벗어지리 라 - 주의사랑 으로
주뜻이뤄 지 도록 - 새롭게하소 서 -

- - - - 주 사랑 - 나를붙드 시 - -

고 주 곁에 - 날이끄소 -서 - -

독 수리 - 날개쳐올라 가 - - 듯 나주님 과함

께 일 어나걸으 리 주의사랑안에 - -

264 주께 구속된 자들이

작자미상

A A+ Amaj7 A7 D

주께 구속된 자들이 돌아 오네 시온으로 오며

D#dim A/E F#m Bm7 E7 A

Fine last time

노래 하네 - - 그 머리 위에 영 영 한 기 쁨을 쓰겠 네

A7 D A

즐 거 움 과 기 쁨 얻 고

F#m B7 B7/D# E B7

D.C. Al Fine

- 눈 물 - 근 심 은 사 라 지 리

주님같은 반석은 없도다

(만세반석 / Rock of Ages)

Rita Baloche

주님 같은 반석은없 - 도 다 찬양받 기
합당하신 - 이 름 - 변 치않으시 - 는
구 원의반석 - 신 실하시고 - 진실하 - 신 주
주님 같은 반석은없 - 도 다
만 세 반 - - - 석 예 수내 - 반 - 석
주님같은 반석은없 - 도 다

266
주님 곁으로 날 이끄소서
(Draw me close to You)
Kelly Carpenter

주님곁 - 으로 - 날 이끄 - 소서 -
나의참 - 소망 - 그 무엇 - 과도 -

내모든것 - 다 드 - 리며 - 주 음 성 들 - 기원
바꿀수없 - 는주 - 사랑 - 그 품 안 에 - 나안

- 하네 - 주님의 - 길로 - 인도하 - 소서 -
- 기리 -

주님 - 만이 - 내모 - 든것 - 되시 - 니 -

주님 - 만을 - 더알게하 소서 -

- 더 알 게 하 날 소서 -

주님나라 임하시네

고 형 원

주님 나 라 임 하 시네 - 주의날은멀지않았 네 너는
일 어나 주를따-르라 하나님널부르-시 네 세상
은 아직어둠 속에- 빛되신주보기원하 네 너는
일 어나 그 빛을발-하라 주님의영 광 네 게임-했
네 일어나 주 위해서라- 강한용사-여 - 주님이너와-너와
함께하-시네 주께서 다 시오실길- 그 길예비하-라-
영광의주님 -오 만 왕의왕 -곧 오 시 네 -

268 주님 당신은 사랑의 빛

(비추소서 / Shine Jesus, Shine)

Graham Kendrick

주 님 당신은 사 랑의 - 빛 어 둠가 운데 비 추소 - 서
세 상 의빛예수 우리를비추사 당 신의진 리로 우 리를자유케
비 추 소 서 우 리 위 에
비 추 소 서 - 주 님 의 영 광 온 땅 위 에
부 으 소 서 - 내 게 성 령의 불 을
넘 치 소 서 - 은 혜 와 긍 휼 을 열 방 중 에
전 하 소 서 - 빛 되 신 주의 말 씀

주님 큰 영광 받으소서 269

(Jesus shall take the highest honor)

Chris A. Bowater

주님 큰영광받-으 소서- 홀로 찬양받으-소서 모든
이름위에- 뛰어 난그이름- 온 땅과하- 늘이다찬-양 해
겸손하-게우리무-릎 꿇고- -주 이름앞-에영광돌-리 세 모
두 절하세- 독생 자예-수- 주님께- 찬양드-리리 모든
영광 과존귀 와 능력- 받으소서- 받으소서-
영광 과존귀 와 능력- 받으소서- 받으소서-
그리 스도 살아 계신- 하나 님 -

270
주님 보좌앞에 나아가
(신실하신 하나님 / Lord I come before Your throne of grace)
Robert & Dawn Critchley

A D E A Dmaj7 A/C#
주 님보좌앞 - 에 나아가 참된 안식과기쁨 - 나
기 도들으시 - 는 하나님 폭풍 속에내등불 - 내

Bm7 Esus4 E7 Amaj7 D E E7 A F#7/A#
누리 - 겠네 경 배하 - 며주의얼 - 굴 구할 때 신실
노래 - 시라 주의 날 개 - 아 래서내 - 맘 쉬 리 니

Bm7 Esus4 E7 A G/A A7 Bm7
하신주 - 님찬 양 해 신실하 - 신 하 나 님 -

D6/E E A D2/A A F#m
- 신실하 - 신 - 주 - 나 의주 - 하

Bm7 3rd time to Coda D/E Esus4 E7 1. A D/E 2. A D/A
나 님은 - 신실 - 하신 주 님 님

A D2/E A D E A Dmaj7 A/C#
평 화내려주 - 신 하나님 나로 고통받 - 는자 - 를 위로

하게하-소서 -나의 평생에-주의 사랑 을 전하
리 - 신실 하신주-님찬 양 해 신실하-신
신 실 - 하 신 주 님 - -

271

주님 한분 밖에는
(나는 행복해요)

김석균

주님 한분밖에는   아는 사람없어요   가슴 깊이 숨어
주님 한분밖에는   사랑 할이없어요   작은 가슴 뜨거

있 는 주를 사랑하는 맘   주님 한분 밖에 는
웁 게 주님 피가흘러 요   주님 한분밖에 는

기 억 하지못해 요처음 주를만난그 날울 며 고백 하던
약 속 한이없어 요나를 믿고따르 는자 반 석 위에 서리

말   나 는 행복해 요 죄사 함 - 받 았 으니 아버 지 - 품
라

안에서 떠나 살 기 싫어 요   나 는 행복해 요 죄사
함 - 받았으니 이세 상 - 무엇이 든 채우 고 도남 아 요

주님과 같이

(There is none like You)

Lenny LeBlanc

주님과 같 - - 이 - 내마음 - 만지는 분은없네 -
오랜세 - 월찾아 난알았네 - 내겐 - 주밖에 없 - -
- 네 - - 주 자비 강 - 같이흐 - - 르 - 고 주
손길 치 - 료하 - 네 - 고통받는 - 자녀품 - 으 - 시 - 니
주밖에 없 네 주님과 같 - - 이 -
내마음 - 만 지는 분은없네 - 오랜세 - 월찾아
난알았네 - 내겐 - 주밖에 없 - - - 네 - -

273 주님의 은혜가 아니면

(나의 나됨은)

주 숙 일

1. 주님의 은혜가 아니면 사랑을 할수 있을까 있을까 -
2. 주님의 은혜가 아니면 전도를 할수 있을까 있을까 -
3. 주님의 은혜가 아니면 이런일 할수 있을까 있을까 -

주님의은 혜가 아니면 용서를 할수 있을까 있을까 -
주님의은 혜가 아니면 구제를 할수 있을까 있을까 -
주님의은 혜가 아니면 저런일 할수 있을까 있을까 -

나 의 나됨은 주 님의은 혜니 나 는 아 무것 아니요 -

나 의 나됨은 주 님의은 혜니 오 직 주님의 공 로라 -

주님이 주신 땅으로
(이 산지를 내게 주소서)
274
홍 진 호
주님 이 주신 땅으로 - 한걸 음씩 - 나아
갈 때에 수많 은 적들과 견고 한성이 - 나를
두렵게 - 하지 만 주님 을 신뢰
함으로 - 주님 을 의지 함으로 - 주님
이 주시는 담대함으로 - 큰 소리 외치며 -나아가
네 이산지 를 내게주 소-서 그날 에 -주께서
말 씀-하신 이제내 가 주님의 이 름으로- 그땅
을 취하 리 니 이산지 을 취하 리 니 -

275 주의 이름을 나는 찬양하리라

(I will magnify Thy name)

Scott Palazzo

주 의 이 름 을 나 는 찬 양 하 리 라
온 땅 위 에 서 가 장 높 으 신 이 름 -
주 님 을 찬 양 하 리 라 내 맘 을 - 다 해
주 님 을 찬 양 하 리 라 온 정 성 - 다 해 -

지금은 엘리야 때처럼
276
(Day of Elijah)
Robin Mark

A   D   A   Esus4 E   A
A   D   A   Esus4 E   A

1. 지금-은엘리야때 처럼- 주 말씀-이선-포되고 - 또
(2.) 에스-겔의 환상 처럼- 마 른뼈-가살-아나며 - 또

주의-종모세의 때와- 같이- 언약-이성취-되네 비록
주의-종다윗의 때와- 같이- 예배-가회복-되네 비록

C#m   F#m   F#m7/E   D   Esus4   E

전쟁- 과기근-과 핍박- 환 난날-이다가-와 -도 - 우
추수- 할때가-이 르러- 들 판--은희어-졌 -네 -

A   D   A   Esus4 E

리는-광야의외 치는- 소리- 주의 길을예-- 비하라
우리-는추수할 일꾼- 되어- 주말씀을선-- 포하라

A   A/E Bm/E A   D

- 보라 주-님 구름타시고 - 나팔불때에

A   E   A/E Bm/E A

- 다시오-시 네 모두외치- 세 이는은혜의해니

D   A   E   1.A   Asus4   2.A

- 시온에서 구원이임하 네   (2) 또 네

277

찬양하세
(Come let us sing)

Danny Reed

찬 양 하 세 - 찬 양 하 세 -
왕 께 소 리 높 - 여 찬 양 드 리 세 -
찬 양 하 세 찬 양 드 - 리 세 찬 양 받
기 에 합 당 하 신 주 님 - 언
제 나 동 일 하 신 주 - 무 릎
꿇 고 서 - 이 름 외 치 세 예 수
나 의 왕 예 수 나 의 왕 예 수
나 의 왕 아 멘 -

평강의 왕이요

(I extol You)

Jennifer Randolph

평강의 - 왕이요 - 자비의 - 하나님 -

만 군 의 - 주 시 요 - 다 시 오 - 실

영 원 하신왕 - 주를 찬 - 양주님을 찬 - 양 온땅

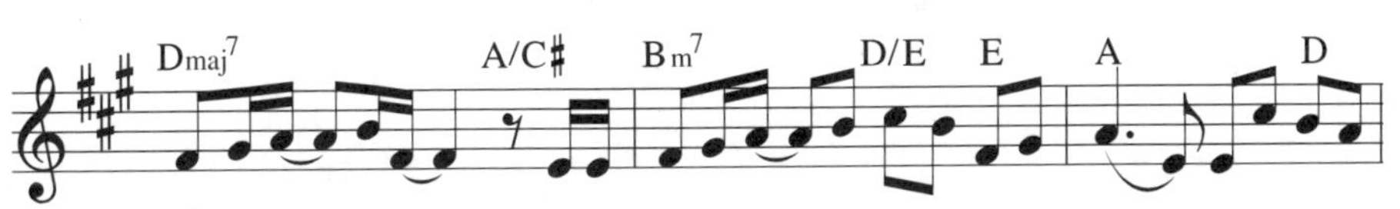
위 에 높 - 으신 - 주를 모든만 - 물찬양주를 찬 - 양주님을

찬 - 양 나의 여 호 와께찬 - 양

279

하나님 어린양
(Lamb of God)
Chris A. Bowater
하 나님 - 어 린양 - 독 생자 - 예 - 수 -
날 위해 - 죽 으신 - 주 님 - -
주흘리 신 - 그보혈 이 - 나의죄 를 -
정결케 하 네 - 내 영 을 - 고 치 시 네
송 축 하 리라 - 화목 케 하 신주 -
나 의 모 든죄 - 깨 끗 케하 - 셨 네 -
송 축 하 리라 - 귀하신 어 린양 -

모 두 절 하 고 - 모 두 외 치 리 라 -

하나님은 우리의 피난처가 되시며 280

(너희는 가만히 있어 / Psalm 46)

하스데반

하 - 나님은 우 리의 - 피 - 난처가 되 시며 -

환 - 란 중에 우 리의 - 힘 - 과 도움 이 시 라 -

너 희는가만히 있 - 어 - 주 가 하나님 - 됨 알지 어다
사 랑합니다 내 아버지 - 찬 양합니다 - 내 온 맘다하여

열 방 과 세계가 운 - 데 - 주가 높임을 - - 받으리 라
선 포합니다예 수그리스도 주님 오심을 - - 기 다리 며

281 하나님의 사랑을 사모하는 자

(주만 바라볼찌라)

박성호

하나 님의 사-랑을 사모하는자 하나 님의 평-안을 바라보는자
님께 찬-양과 경배하는자 하나 님의 선하심을 닮아가는자
너의 모든것창조하신우리주님이 너를 얼마나사랑하시는 지 하나
자 녀 삼 으 셨 네 하나 님 사랑 의 눈 으로
너를 어느때나 바라보시 고 하나 님 인자 한 귀 로 써
언제 나너에게기울이시 니 어두 움 에 밝은빛을 비 춰주시고
너의 작 은 신음 에도 응답하시 니 너는 어느곳 에 있- 든지

F#m   Bm7   E   1. A   E7
주를 향하고 주만 바라 볼 찌라 하나
2. A F#m   D   Esus4 E   D/A   A
라 주만 바라 볼 찌라 -

Copyright © 1990 박성호 By KOMCA All right reserved. Used by permission.

모든 존귀와 영광을 주님께 282

정종원

D/E   A   Amaj7   D
모든 존 귀와- 영 광을- 주 님 께돌 리세- 모든
A   F#m   B   E   A   Amaj7
존귀와 영광을- 주 님께돌리세- 모든 존귀와 영광을 주
D   D#°   A/E   E   A
님 께돌 리세 - - - 주 님 께돌 리 세

Copyright © 1992 정종원. Adm. By KOMCA All right reserved. Used by permission.

283

하늘 위에 주님 밖에

(God is the strength of my heart)

Eugene Greco

하늘위에주 – 님 밖에 – 내가
사모할자 이세상 – 에 없 – 네 –
내 맘과 힘 은 믿 을수 – 없 네 –
오직한가 지 그 진리를 – 믿네 주는 나의
– – 힘 이요 – 주는 나의 – – 힘 이요 –
주는 나의 – – 힘 이요 – 영 원 히 – 주를
의 지 – 하 – 리 – 주는 나의 – 영 원 – – 히

나 가진 재물 없으나
(나)
284
송 명 희 작사
최 덕 신 작곡
나 가진재물 없으나 - 나 남이가진지식 없으나 -
나 남에게있는건강있지 않으나 - 나 남이없는것 있으 니
나 남이못본것을 보았고 - 나 - 남이 듣지못한음성
들 었고 - 나 남이받 지못 - 한사랑 받 았고 - 나
남이모르는것 깨 달 았 네 - - 공 평 하 신 -
하 나 님이 - 나 남이가진것나 없 지만 - 공 평하신 -
하 나님이 - 나 남이없 는것 갖게 하 셨네 -
Copyright ⓒ 최덕신 By KOMCA All right reserved. Used by permission.

285 당신은 지금 어디로 가나요

(예수 믿으세요)

김 석균

1. 당신 은 지금- 어디 로 가나요 발 걸 음무겁 게
2. 당신 은 오늘- 누굴 만 났나요 위 로 받았나 요
3. 예수 를 믿고- 새롭 게 되니- 기 쁨 이넘쳐 요

이세 상 어디 쉴곳 있 나요- 머 물 곳있나 요
이세 상 누가 나를 대 신하여목 숨 버렸나 요
어둠 걷 히고 새날 이 되니- 행 복 이넘쳐 요

예수 안 에는안식이 있 어요 평 안이넘쳐 요
고통 의 멍에벗어버 리 세요 예 수이름으 로
이전 에 없던평안을 얻 으니 찬 송이넘쳐 요

십자 가 보혈 믿는 자- 마다 구 원을받아 요
마음 문 열고 주님 맞- 으세요 기 쁨 이넘쳐 요
샘솟 는 기쁨 전해 주- 어요 예 수 이름으 로

예 -수믿으 세요- 예 -수믿으 세요-

예 -수믿으 세요- 예수 믿 으세 요 당신

주를 믿 는자 그는 행복 해요- 영원 한 생명 얻으 니 하나
요 할 -렐루야 아멘- 할 -렐루야 아멘-
님 나라그의 것이 라 - 어서 예수믿으 세 요 주를 요
할 -렐루야 아멘- 아멘 할 렐루 야 야

286
주님은 내 삶에
(예수 만물의 주 / Lord over All)
Gary Sadler
A   E/G#   D/F#   A
주님은 내삶에 - - 소망과 이유 - 되시며
D   F#m   E   D
내 영혼의생수 - 귀한 - 보물 - 되 - 시네 -
A   E/G#   D   F#m7
주님 은내맘에 - 불타 는 - 사랑 - 되시며
D   F#m   E   Dsus2
나의 모든호흡 - 온 맘을다 해 - 부르는 - 노 - 래 - - -
F#m   D   A E/G# F#m   D
예 - 수 만 물 - 의주 - - - 내 - 모 든 것되 - 신주
A E/G#   F#m   D   A   E/G#
- - 주 - 의 제 단 - 앞에 - 나가 - 오니
D   E   A
- 주님 의뜻 - 내안 에 이루 - 소 서 - -

깨어라 어둔 네 무덤에서

(Wake up O sleeper)

Graham Kendrick

287

A   D   A/C#   1.Bm7   E
깨 어 라 어둔 네 무덤 에서 -   주 영 광 비 추시네 -

1.Bm7   D/E   A Fine   E   F#m   E   A
주 영 광 비 추 네 -

1. 보 라 어 두 움 땅 을 - 뒤 덮 고 -
2. 어 둠 의 자 녀 로 행 - 했 으 나 -
3. 참 포 도 나 무 의 가 - 지 되 어 -
4. 악 한 이 세 대 를 분 - 별 하 고 -

E   F#m   E   F#m   E   A
만 민 을 가 리 우 나 -   주 님 의 영 광 내 게 - 임 할 때 -
빛 가 운 데 나 오 라 -   빛 의 자 녀 로 걸 어 - 나 갈 때 -
빛 의 열 매 구 하 라 -   주 의 기 쁨 충 만 하 - 게 될 때 -
지 혜 를 간 구 하 라 -   오 직 주 의 뜻 따 르 - 게 될 때 -

B7   G   A G A D/E E D/E
D.C.
주 의 빛 발 하 리 라 -

감 사 해
(Thank You Lord)

Daniel L. Burgess

288

감-사 해 시험이닥쳐 올때에 주께서인도
세
하시니 -두려움없 네 또감사-해 고통이찾 아
올 때에 주께서지켜 주시니 -승리하리 라

나의모든 생활속에서 주님이 함께하시니 주님의

성령나를인 도하시리 시험이 나를찾 아 올 때주님

지켜주시리 주님의 성령-나를 인 도하시 리

감사 드리 모두감사 해 절망속에서새 힘을
새로운용기 주시는 주님께감 사

Em⁷/A   3   D   E/D   3   C♯m⁷
또 감 사 드 리 세 - - - - 우 리 주 님 의 은 혜 로
F♯m⁷   3   Bm⁷   D/E   A B/A Bm⁷⁺⁵/A A
받 은 구 원 을 감 사 해   주 님 을 찬 양 해 - -

거룩하신 주님께 나오라 289
(Come into the Holy of Holiness)

John Sellers

A⁹   A   A⁹   A   D   F♯m   Bm
거룩 하신 주님 께 나 - 오 - 라 - 어 린 양 의 보 혈 로 써 -

D   F♯m   Bm   C♯m   E⁷
찬 양 하 며 주 님 앞 에 - 나 - 와 - 보 좌 앞 에 경 배 하 세 -

D   Bm   C♯   F♯   Bm
왕 의 - 왕 주 께 거 룩 - 한 - 손 들 고   경 배 해

E   D   A   Bm   E   D   A
- 주 님 께 - 경 배 해 - 주 님 께 -

주 발앞에 나 엎드려
(ONE WAY)

Joel Houston & Jonathan Douglass

1. 주발앞에나 엎드려 주만간절 히원해
2. 언제나어 디서나 크고깊은 은혜로
주계신곳나 바라봅-니다 - -
주님항상내 안에계-시네 - -
근심속에주 찾을때 -모든필요내 려놓고
변함없으 신주님 - 어제오늘 영원히
겸손하게모두 - 드-리리 - -
한결같이함께 - 하-시네 - -
오직 예수 주님만이나의 삶의이유
오직 예수 주님만이나의 삶의이유

1. G#m7   E   G#m7   E
2.3. B   F#   G#m7   E
오 직   예 수   주님만이나의삶의이유
B   F#   Last time to Coda   G#m7   A
오 직   예 수   주님만이나의삶의이유
B   F#   G#m7
주님은길과진 - 리생명나는 - 오 직-믿음
E   G#m7   F#   E   1-3.
-으로-살리 -   주만 -위해-살리 - -
4.   Coda   G#m7   A   B
D.S.al Coda
- 주님만이나의 삶의이유 -

291
주님은 아시네
(King of Majesty)
Marty Sampson
주님은 아시네 주사랑 하는맘
이전보-다더- 주님-알기원-해-
내마음 다하여 주님께 고백해
주님만-위해- 내삶-드리기-원 해 위대하
- - 신왕 - 내맘의 - -한소 망 언제나
- 주와 -함께 - 언제나 -주와 -함 께 -
예수나 의영 혼의 구세 - 주 영 원
무궁히 주님만 을나 찬양-하 리

www.ccm2u.com 에 오시면 교회에서 원하시는 데로 복음 성가집을 제작하여 드립니다.
가장 저렴한 가격에 최고의 품질로 저작권 승인을 얻어 합법적으로 맞춤복음성가집을
제작하고자 하는 디자인, 크기, 제본 방법, 곡 선정까지 교회의 요청대로 편집, 출판하여 드리고 있습니다. 자세한 사항은 www.ccm2u.com을 참조하시기 바랍니다.

Cell Worship 찬양하라 내 영혼아

• •

초판발행일 : 2005. 5. 1
발 행 인 : 김 수 곤
발 행 처 : 도서출판 선교횃불
등 록 일 : 1999년 9월 21일/제 54호
주　　　소 : 서울시 송파구 삼전동 103번지
전　　　화 : 02)2203-2739
팩　　　스 : 02)2203-2738
Homepage : http://www.ccm2u.com

• •

저작자의 연락을 기다립니다.

저작권 관리기관에 속해 있지 않는 크리스챤 저작자의 연락을 기다립니다. 저작자의 승인을 얻어 수록하는 것을 원칙으로 하였습니다만 연락처를 알지 못하여 본의 아니게 먼저 사용하게 되었음을 양해하여 주시고 이 책자에 수록된 곡의 저작자 가운데 빠지신 분들은 꼭 연락을 주시기 바랍니다. 저작권을 승인하여 주신 저작권자와 관리기관에 깊은 감사드립니다.